Die Industrialisierung in Thüringen

Grundzüge der gewerblichen Entwicklung in Thüringen von 1800 bis 1945

W0352395

Die Industrialisierung in Thüringen

Grundzüge der gewerblichen Entwicklung in Thüringen von 1800 bis 1945

Wolfgang Mühlfriedel

Titelfoto: Hauptwerk der Carl-Zeiss-GmbH,
Zeichnung, nach 1929.
Archiv der Carl-Zeiss-GmbH

Dr. Wolfgang Mühlfriedelist emeritierter Professor
für Wirtschaftsgeschichte an der
Friedrich-Schiller-Universität Jena

Landeszentrale für politische Bildung Thüringen
Bergstraße 4, 99092 Erfurt, www.thueringen.de/de/lzt

Herstellung Offizin Hildburghausen GmbH
2001

ISBN 3-931426-55-6

Inhalt

Zweites Kapitel

Vorbemerkungen

Die Geschichte der gewerblichen Wirtschaft in Thüringen wurde bislang noch nicht zusammenhängend dargestellt. Aber zu diesem Thema liegt eine Vielzahl von Veröffentlichungen vor. Die vom Verfasser dazu zusammengestellte Publikationsliste umfasst ca. 300 Titel. Dabei fehlen in dieser Aufstellung zweifellos im lokalen Rahmen erschienene kleinere Schriften. Die vorliegenden Arbeiten zur Gewerbegeschichte befassen sich vornehmlich mit ausgewählten Zeiträumen und Gewerbezweigen, mit einzelnen Gebieten und Unternehmen. Einige Arbeiten bieten Übersichten über das gesamte Gewerbe. So gab Johannes Müller 1930 eine wirtschaftskundliche Darstellung über die thüringische Industrie heraus, in der er unter besonderen Gesichtspunkten die Entwicklung des Wirtschaftsbereiches von den Anfängen bis in die Zwanzigerjahre des vorigen Jahrhunderts nachzeichnete.[1] Waltraud Ullrich verfasste Mitte der Achtzigerjahre des vergangenen Jahrhunderts Studien zur industriellen Entwicklung Süd- und Ostthüringens in den Dreißiger- und Vierzigerjahren des 19. Jahrhunderts.[2] Ulrich Heß ist in seiner Geschichte Thüringens auf die Gewerbegeschichte Thüringens zwischen 1966 und 1914 ausführlich eingegangen.[3] Jürgen John publizierte mehrere Arbeiten über die industrielle Entwicklung in Thüringen zwischen 1919 und 1945.[4]

Die Landeszentrale für politische Bildung Thüringen, auf deren Anregung die vorliegende Schrift entstand, hat im letzten Jahrzehnt eine Reihe von Blättern zur Landeskunde publiziert, die wirtschaftshistorische Themen behandeln. Unter ihnen finden sich viele, die den für Thüringen charakteristischen Gewerbezweigen gewidmet sind.

In der folgenden Darstellung wird der Versuch unternommen, den Werdegang des produzierenden Gewerbes in Thüringen vom Beginn des 19. Jahrhunderts bis zum Ende des Zweiten Weltkrieges in seinen Grundzügen nachzuzeichnen. Es werden die Energieversorgung, der Bergbau und das verarbeitende Gewerbe behandelt. Besondere Aufmerksamkeit wird dem verarbeitenden Gewerbe geschenkt, das all jene Zweige umfasst, die Rohstoffe be- und verarbeiten, verbessern, verwandeln und veredeln. Auf die Wasserversorgung und auf das Baugewerbe, die ebenfalls zum untersuchten Wirtschaftsbereich zählen, wurde nicht eingegangen.

Im Zentrum der Darstellung stehen die Wandlungen im Gewerbe, die von der Technisierung und den produktions- sowie unternehmensorganisatorischen Veränderungen verursacht wurden. Zugleich werden die durch diesen Industrialisierungsprozess ausgelösten sozialen Veränderungen verfolgt.

Da die Gewerbegeschichte nicht ohne einen Blick auf die politischen und wirtschaftlichen Gegebenheiten zu verstehen ist, werden die einzelnen Perioden in einen Zusammenhang mit den politisch-administrativen Verhältnissen gebracht. Ebenso wird das für die gewerbliche Entwicklung so unerlässliche Wechselspiel zur Land- und Forstwirtschaft und zum Verkehrswesen herausgearbeitet.

Aus der Anlage der Darstellung ergibt sich ihre Gliederung in drei Kapitel.

Im ersten Kapitel wird eingangs die Situation skizziert, in der sich die gewerbliche Wirtschaft am Beginn des Untersuchungszeitraumes befand, und dann der Frage nachgegangen, welche Zweige in der ersten Hälfte des 19. Jahrhunderts Anzeichen einer beginnenden Industrialisierung aufwiesen. Gegenstand des zweiten Kapitels ist der Nachweis, dass sich bis zum Anfang des 20. Jahrhunderts der Industrialisierungsprozess in Thüringen weitgehend durchsetzte. Das abschließende Kapitel beschreibt, wie auf der Grundlage einer ausgereiften Industriestruktur die Zweige an Bedeutung gewannen, die sowohl den wissenschaftlich-technischen Fortschritt mittrugen als auch die moderne Militärtechnik förderten.

Der Verfasser war darum bemüht, immer den gesamten Thüringer Raum im Blickfeld zu behalten. Die komplizierten politisch-territorialen Verhältnisse zwangen, verschiedene Bezeichnungen zu wählen. Immer wenn der geographische Raum, den heute die Grenzen des Freistaates Thüringen umschließen, Betrachtungsgegenstand waren, wurde die Bezeichnung Region Thüringen, im Thüringischen oder Thüringen gewählt. Verschiedentlich ist von den Staaten und preußischen Gebieten Thüringens die Rede.

Erstes Kapitel

Die Anfänge der Industrialisierung in den Staaten und preußischen Gebieten Thüringens

1. Die thüringische Wirtschaftsstruktur um 1800

An der Wende vom 18. zum 19. Jahrhundert bestanden in der thüringischen Region die fünf ernestinischen Herzogtümer Weimar-Eisenach, Gotha-Altenburg, Meiningen, Coburg-Saalfeld und Hildburghausen, die schwarzburgischen Fürstentümer Sondershausen und Rudolstadt sowie die fünf reußischen Fürstentümer und Grafschaften Reuß ältere Linie Schleiz, Lobenstein, Gera, das Territorium Reuß-Gera. Als 1802 das Haus Reuß-Gera ausstarb, wurde das Gebiet von Schleiz, Lobenstein und Ebersdorf gemeinsam verwaltet. Ferner hatten Kursachsen, Kurmainz, Hessen-Nassau und Preußen Besitzungen im Thüringischen. Die beiden Reichsstädte Mühlhausen und Nordhausen waren politisch selbstständig. Ferner bestanden an der Werra noch ritterliche Herrschaften.

Die Wirtschaft in den thüringischen Staaten war von der Landwirtschaft geprägt. Die agrarische Produktion wurde weitgehend von mittelbäuerlichen Betrieben getragen, die sich in einer feudalen Abhängigkeit von Grundeigentümern befanden. Sie hatten den Bauern die Hofstatt und das Ackerland als Erbzinsgut oder schlichtes Zinsgut überlassen und beanspruchten dafür Abgaben und Frondienste. Die Agrarproduktion vollzog sich noch im Rahmen der Dreifelderwirtschaft. Darum herrschte der Getreideanbau vor. Daneben bauten die bäuerlichen Wirtschaften am Rande der Dorffluren gewerbliche Rohstoffe, vornehmlich Flachs, an. In der Viehwirtschaft hatte die Schafhaltung auf der Brache einige Bedeutung. Die größeren Güter hielten umfangreiche Schafherden. Wolle und Felle bildeten die Grundlage für das einheimische Textilgewerbe und die Lederverarbeitung.

Wenngleich Ackerbau und Viehwirtschaft die ökonomische Struktur der thüringischen Region bestimmten, so gewann ein leistungsstarkes und vielgestaltiges Gewerbe, das sich seit dem vierzehnten und fünfzehnten Jahrhundert in Städten und auf dem Lande herausgebildet hatte, ein zunehmendes Gewicht. Es versorgte natürlich in erster Linie die einheimische Bevölkerung mit Verbrauchsgütern und Werkzeugen. Einige der Gewerbezweige produzierten vornehmlich für den überregionalen Markt.

In der gewerblichen Wirtschaft herrschten die Handwerksbetriebe vor, die zumeist zünftig organisiert waren. Die für den überregionalen Markt produzierenden Gewerbezweige befanden sich längst in ökonomischer Abhängigkeit von Verlegern, die sich im Wesentlichen aus der Kaufmannschaft rekrutierten. Verschiedentlich betätigten sich auch einzelne Handwerker oder Zünfte, die maßgebliche Arbeitsprozesse in einem Fertigungsprozess beherrschten, als Verleger. Eine Vielzahl gewerblicher Tätigkeiten konnten nur mit einer landesherrlichen Konzession ausgeübt werden. Das waren in der Regel solche, die nicht mehr vom Zunftrecht erfasst worden waren oder deren Ausübung umfangreichere Produktionsanlagen bedingten. Es soll nur auf Schneidemühlen, Metall erzeugende Unternehmen oder Porzellanmanufakturen verwiesen werden.

In der gewerblichen Wirtschaft bestand eine starke soziale Differenzierung. Sie zeigte sich - wenn auch auf Grund der Zunftvorschriften verhalten - innerhalb der Zünfte sowohl zwischen den Handwerksmeistern als auch zwischen den Handwerksmeistern und ihren Gesellen. Soziale Differenzierungen gab es ferner in einem größeren Ausmaß zwischen den Gewerken. Ein besonders starker Einfluss auf die soziale Lage der Handwerkerschaft ging von den Verlegern aus. Ein großer Teil der verlegten Handwerker unterschied sich nicht mehr von Lohnarbeitern in den Manufakturen und gleichartigen Fabrikationsstätten.

In den thüringischen Staaten war kein Handelszentrum von überregionaler Bedeutung entstanden. Erfurt vermochte sich in den zurückliegenden Jahrhunderten als Handels- und Finanzplatz gegenüber Leipzig und Frankfurt am Main nicht durchzusetzen.

Aber die einheimische Wirtschaft wurde durch die geographische Lage begünstigt, denn zahlreiche europäische Verbindungswege durchzogen die thüringische Region. Eine der Nord-Süd-Routen lief von den Hansestädten über Göttingen nach Mühlhausen, Eisenach, Meiningen und von da nach Nürnberg. Eine der abzweigenden Straßen führte über Gotha und das Vogtland in den böhmischen Kessel. Zwei andere Nord-Süd-Verbindungen gingen von Magdeburg über Halle, Naumburg, Saalfeld nach Nürnberg bzw. von Leipzig über Altenburg, Gera nach Hof, bei Lobenstein konnte der Weg nach Bamberg eingeschlagen werden. Diese Verkehrswege wurden von den in Ost-Westrichtung gehenden Straßen geschnitten, wobei der Hohen Straße von Frankfurt am Main über Fulda, Eisenach, Gotha, Erfurt nach Naumburg eine besondere Bedeutung zukam.

Diese Passagen durch Thüringen hatten ein gut organisiertes Transportgewerbe hervorgebracht, das insbesondere an den über die Mittelgebirge führenden Straßen die entsprechenden Transportkapazitäten unterhielt. Aus dem Umstand, dass eines der europäischen Straßenkreuze im Thüringischen lag, profitierten die Überschuss erzeugenden Agrargebiete ebenso wie die Gewerbezweige, die ihre Roh-

und Hilfsstoffe aus anderen Gegenden bezogen und ihre Produkte auf überregionalen Märkten absetzten.

Im Herzogtum Sachsen-Weimar-Eisenach hatten sich in der Vergangenheit mehrere gewerbliche Zentren herausgebildet. In Eisenach und Umgebung dominierten die Garnerzeugung, Holzgewinnung und -verarbeitung sowie die Farbenherstellung. Die Wolle wurde vornehmlich aus Preußen, Sachsen und Böhmen bezogen und das Garn nach Süddeutschland, in die Schweiz und nach Russland geliefert. In Apolda war die Strumpfwirkerei heimisch. Das Texilhandwerk in Neustadt an der Orla verarbeitete einheimische und importierte Wolle zu Tuchen. Das in Kaltennordheim, Ostheim und Dernbach hergestellte Leinen fand vornehmlich im Rheinland Absatz. Porzellan und Puppenköpfe wurden in Ilmenau, Pfeifenköpfe, Kämme und Erzeugnisse aus Horn in Ruhla hergestellt. Im Herzogtum Sachsen-Altenburg war das Gewerbe besonders in den östlichen Ämtern verbreitet, deren Produkte ins Sächsische, Schlesische und Böhmische gingen. Ronneburger Textilproduzenten setzte ihre Waren vornehmlich in Süddeutschland ab. Auch in den reußischen Fürstentümern herrschte die Textilerzeugung vor. Die in und um Gera und Schleiz aus sächsischer Wolle hergestellten Gewebe fanden ihre Abnehmer in Süddeutschland, im vorderen Orient und in Übersee. Eisenwaren, im oberen Saaletal gefertigt, gingen hauptsächlich nach Bayern. Tuchmacher im Fürstentum Lobenstein hatten ihre Kundschaft in der Schweiz. Die im Herzogtum Coburg-Saalfeld schaffenden Glas- und Porzellanmacher und Spielzeughersteller lieferten ihre Erzeugnisse in die norddeutschen Seestädte, nach Braunschweig oder auf die Leipziger Messe.

Die politischen Ereignisse in Europa beeinflussten zwischen 1790 und 1806 das Wirtschaftsleben im Thüringischen nachhaltig. Da ist zunächst auf die Veränderungen im territorialen Gefüge zu verweisen. Im Gefolge des Reichsdeputationshauptschlusses von 1803, der die Abtretung der linksrheinischen Gebiete an Frankreich billigte, fielen der thüringische Teil von Kurmainz mit Erfurt und dessen Umland sowie das Eichsfeld und die Reichsstädte Mühlhausen und Nordhausen an Preußen. Nach der militärischen Niederlage der preußischen Armee im Jahre 1806 musste Preußen das Eichsfeld, Mühlhausen und Nordhausen dem Königreich Westfalen überlassen. Napoleon nahm das neugebildete Fürstentum Erfurt in seine eigene Regie.

Die mit den militärischen Auseinandersetzungen verbundenen Truppenbewegungen belasteten die Bevölkerung ebenso wie die Kontributionsforderungen Napoleons. Besonders stark wurde die Einwohnerschaft der Stadt und des Landgebietes von Erfurt betroffen. Sie hatte zwischen 1806 und 1813 insgesamt 2.056.958 Reichstaler aufzubringen, davon entfielen 31,8 Prozent auf Kontributionen und Requirierungen usw., 48,3 Prozent auf Einquartierungskosten und 19,9 Prozent auf Sondersteuern. Hinzu kamen noch Anleihen in Höhe von 244.950 Reichstalern, die die Stadt aufnehmen musste.

Die napoleonische Wirtschaftspolitik, insbesondere aber die gegen England gerichtete Handelssperre, hatte für das einheimische Gewerbe unterschiedliche Folgen. Während Zweige, die für den Export produzierten oder deren Erzeugnisse auf überseeischen Rohstoffen basierten, in erhebliche Schwierigkeit gerieten, profitierten andere vom Bedarf des Militärs und vom strikten Einfuhrverbot englischer Produkte.

Die französische Wirtschaftsgesetzgebung brachte die Gewerbefreiheit in die preußischen Gebiete Thüringens. Als Napoleon aus Deutschland vertrieben worden war, ließen sich derartige Neuerungen nicht ohne Weiteres rückgängig machen. Die Landesherren, die nun bestrebt waren, die Kriegsfolgen zu beseitigen und die Staatsfinanzen zu sanieren, sahen sich genötigt, durch wirtschaftspolitische Maßnahmen die gewerbliche Wirtschaft zu fördern. Mit dem Ende der Kontinentalsperre konnten die exportorientierten Gewerbezweige ihre alten Geschäftsverbindungen nach Übersee wieder knüpfen.

Allerdings sah sich das Textil- und Metallgewerbe erneut der scharfen englischen Konkurrenz ausgesetzt.

2. Politische und territoriale Veränderungen nach den Befreiungskriegen

Im Ergebnis der Befreiungskriege und des Wiener Kongresses kam es erneut zu weit reichenden territorialen Veränderungen im Thüringischen. Das Königreich Preußen nahm nun nicht nur die ihm 1803 zugesprochenen Territorien wieder in Besitz, sondern erhielt auch Gebiete um Langensalza und Weißensee, Schleusingen und Suhl sowie Ziegenrück. Es fasste seine thüringischen Besitzungen zum Regierungsbezirk Erfurt zusammen und ordnete es der Provinz Sachsen zu. Preußen verfügte nun über ca. 22 Prozent des thüringischen Gebietes. Das Großherzogtum Sachsen-Weimar-Eisenach vergrößerte sich um den Neustädter Kreis, das Gebiet um Dernbach und Geisa, Vacha und Frauensee sowie um die Herrschaft Blankenhain und verdoppelte damit sein bisheriges Territorium. Als 1825 das Haus Sachsen-Gotha-Altenburg ausstarb, kam es zu einer Neuaufteilung dieses Territoriums durch die erbberechtigten Linien des Gotha-Altenburgischen Gesamthauses. Das Herzogtum Gotha wurde von Coburg-Saalfeld übernommen, das wiederum den Saalfelder Landesteil an Sachsen-Meiningen abtrat. Daneben erhielt das Herzogtum Gotha fast das gesamte Herzogtum Hildburghausen und das Amt Themar. Der Herzog von Hildburghausen verlegte seinen Herrschaftssitz nach Altenburg und ließ Sachsen-Altenburg als selbstständiges Herzogtum wieder erstehen. Als schließlich das Fürstenhaus Lobenstein jüngere Linie 1824 ausstarb, wurde dessen Gebiet vom Fürstentum Ebersdorf übernommen. 1848 gab der Fürst von Reuß-Lobenstein und Ebersdorf die Regentschaft zu Gunsten von Reuß-Schleiz auf. Das Fürstentum Reuß jüngere Linie war damit wieder vereinigt. Als Hauptstadt wurde Gera gewählt. Bis 1918 blieb dann die territorial-staatliche Struktur der thüringischen Region unverändert.

In der zweiten Hälfte des 18. Jahrhunderts waren in den thüringischen Staaten, insbesondere aber in Sachsen-Weimar-Eisenach, Sachsen-Altenburg, Sachsen-Gotha und Sachsen-Meiningen die absolutistischen Herrschaftsstrukturen weiter ausgebildet und verfestigt worden. Die Landesherren richteten ihre Wirtschaftspolitik auf die Erschließung der inneren Ressourcen des Landes, auf das Bevölkerungswachstum und auf den Export aus und suchten den Binnenkonsum der Bevölkerung zu beschränken. Von dieser merkantilen Politik profitierte vornehmlich das exportierende Gewerbe.

Bis zur Mitte des 19. Jahrhunderts vollzogen sich in den thüringischen Staaten wesentliche politische Wandlungen. Die Mobilisierung der Volkskräfte in den Befreiungskriegen, die wirtschaftlichen Kriegsfolgen und die Beschlüsse des Deutschen Bundes legten den Herrscherhäusern nahe, einen Kompromiss zwischen dem bisher verfolgten monarchistischen Prinzip und den nicht mehr zu ignorierenden Ansprüchen der Bürger auf die Sicherung ihrer Rechte sowie ihrem Mitwirken in Staatsangelegenheiten zu suchen. 1816 schlug der Großherzog von Sachsen-Weimar-Eisenach den Weg des Konstitutionalismus mit dem Erlass eines Grundgesetzes ein. Seinem Beispiel folgten andere Landesherren. Mancher von ihnen musste freilich durch politischen Druck gezwungen werden, dem Lande eine Verfassung zu geben. Das Haus Reuß älterer Linie entschloss sich zu einem solchen Schritt erst 1867 im Zusammenhang mit dem Beitritt zum Norddeutschen Bund.

Die territoriale Stetigkeit in den thüringischen Staaten, der Ausbau eines zeitgemäßen Verwaltungssystems sowie der Übergang zu einem geordneten und von den Landständen kontrollierten Steuerwesen war der wirtschaftlichen Entwicklung in den thüringischen Staaten förderlich. Die Wirtschaft in den preußischen Landesteilen profitierte insbesondere von ihrer Einbindung in ein großes Wirtschaftsgebiet, in dem ein beachtlicher Modernisierungsschub erfolgte.

3. Der komplizierte Weg zum Deutschen Zollverein

Als ein besonderes Hindernis für die Gesundung der Wirtschaft nach dem Sieg über Napoleon erwies sich die zollpolitische Zersplitterung in Deutschland. Am Ausgang des 18. Jahrhunderts zählte man im Heiligen Römischen Reich Deutscher Nation noch 1.800 verschiedene Zollgebiete. Darum gab es nach den Befreiungskriegen starke Bestrebungen, die Vielzahl der Zollgrenzen zu beseitigen. Den ersten Vorstoß in diese Richtung unternahm Württemberg im Mai 1817 im Deutschen Bund. Auch die preußische Regierung versuchte, die Bundesstaaten für eine einheitliche Zoll- und Handelspolitik zu gewinnen. Da aber mit der Auflösung des Heiligen Römischen Reiches die Zollhoheit an die Landesherren übergegangen war, fehlte denen das Interesse an einer gesamtdeutschen Lösung. Der landesherrliche Widerstand gegen Veränderungen am bestehenden Zollsystem veranlasste die preußische Regierung am 21. Mai 1818, ein eigenes Zollgesetz zu erlassen. Der Regierungsbezirk Erfurt wurde allerdings wegen seiner exponierten Lage noch nicht in den preußischen Zollverband aufgenommen.

Die preußischen Zollregelungen brachten für die thüringischen Staaten erhebliche Nachteile. Preußen erhob fortan nicht nur höhere Zölle, sondern verlangte für alle Waren, die das Land passierten, eine Durchfuhrabgabe von einem halben Taler pro Zentner Transportgut. Davon waren die Tuchmacher in Neustadt, deren Erzeugnisse zu den groben Waren zählten, ebenso betroffen, wie die Produzenten des feinen Barchents im Eisenacher Hochland, die drei Viertel ihrer Produkte auf der Frankfurter Messe an Kunden in Preußen oder im bayerischen Rheingebiet verkauften. In Hirschberg geriet die Hälfte der Weber durch die preußischen Zollbestimmungen in wirtschaftliche Schwierigkeiten.

Im Gefolge des preußischen Zollgesetzes verlegten die Kaufleute ihre Reiserouten. Sie transportierten nun ihre Waren zwischen Nord- und Süddeutschland nicht mehr ausschließlich über die durch preußisches Gebiet führenden, gut ausgebauten Straßen. Um ihre Waren zwischen Nürnberg und Leipzig zu transportieren, mieden nun die Kaufleute die Route über Naumburg und wählten die ungepflegten Straßen, die über Pößneck-Gera-Altenburg führten. Dadurch verringerten sich allerdings die Zolleinkünfte des Großherzogs von Sachsen-Weimar-Eisenach.

Besonders nachteilig wirkte sich das preußische Zollgesetz auf das Wirtschaftsleben in den Enklaven der thüringischen Staaten im preußischen Gebiet aus. Die davon betroffenen Staaten sahen sich bald zu einem Arrangement mit Preußen genötigt. Das Fürstentum Schwarzburg-Sondershausen ging deshalb bereits am 25. Oktober 1819 einen Zollanschlussvertrag mit Preußen ein. Drei Jahre später, am 24. Juli 1822, wählte die Rudolstädter Unterherrschaft den gleichen Weg. Am 27. Juli 1823 wurden Allstedt und Oldisleben Teil des preußischen Zollgebietes. Um die deutschen Staaten für einen Anschluss an ihr Zollsystem zu ermuntern, hatte die preußische Regierung die Zollvereinbarungen mit den Thüringern sehr vorteilhaft gestaltet. So flossen der Staatskasse von Sondershausen jährlich 15.000 Taler aus den Zolleinnahmen zu.

Die thüringischen Staaten versuchten durch einen eigenen Zollverbund dem preußischen Druck zu begegnen. Deshalb beteiligten sich Sachsen-Weimar-Eisenach und die reußischen Fürstentümer an einer von den süddeutschen Staaten angeregten Übereinkunft zu einer eigenen Zollvereinigung, die auch am 1. Mai 1819 zu Stande kam, aber wegen des politischen Streites zwischen Bayern und Baden um die Pfalz wirkungslos blieb. Erst ein Jahrzehnt später nahmen die interessierten Staaten einen neuen Anlauf zu einer handels- und zollpolitischen Vereinbarung. Am 24. Oktober 1828 konstituierte sich der Mitteldeutsche Handelsverein, dem auch Sachsen-Weimar-Eisenach, Sachsen-Gotha, Sachsen-Meiningen, Reuß-Greiz, Reuß-Lobenstein und Ebersdorf, Reuß-Schleiz sowie Schwarzburg-Rudolstadt angehörten. Die Hoffnung des Vereins auf eine Übereinkunft mit Preußen erfüllte sich aber nicht, weil Preußen nur mit einzelnen Staaten handels- und zollpolitische Vereinbarungen treffen wollte. Das veranlasste die reußischen Fürstentümer am 9. Dezember 1829, einen Handelsvertrag mit Preußen abzuschließen, worin sich die Thüringer verpflichteten, die bisherigen Bindungen zu lösen und unverzüglich dem hessisch-preußischen Zollverein beizutreten. Diesem Beispiel folgte der Großherzog von Sachsen-Weimar-Eisenach. Karl Friedrich unterzeichnete am 11. Februar 1831 einen handelspolitischen Vertrag mit Preußen.

Ende 1832 versammelten sich die Abgesandten aller thüringischer Staaten zu einer Konferenz in Berlin, um durch Verhandlungen zu einer Zolleinheit im preußischen Sinne zu kommen. Sie hatten sich vorgenommen, mit Preußen eine Übereinkunft über einheitliche Verbrauchssteuern, insbesondere für Salz und Branntwein, zu erzielen, einen thüringischen Zoll- und Handelsverein zu schaffen und dessen Anschluss an den hessisch-preußischen sowie an den bayerisch-preußischen Verein zu erreichen. Nachdem verschiedene Schwierigkeiten überwunden waren, kam es am 10. Mai 1833 zu einem Staatsvertrag über die Errichtung des Thüringischen Zoll- und Handelsvereins, in dem die Aufhebung aller Eingangs-, Ausgangs- und Durchgangszölle, die Verrechnung der Zolleinnahmen nach den hessisch-preußischen Grundsätzen, die von der Einwohnerzahl ausgingen, festgelegt wurden. Die Vertragspartner verständigten sich auch über die Branntwein-, Tabak-, Wein- und Kochsalzsteuer.

Zugleich nahm man sich vor, ein einheitliches Handels- und Gewerberecht zu schaffen. Dieser Verein trat am 1. Januar 1834 ins Leben. Inzwischen hatten verschiedene andere deutsche Staaten handelspolitische Vereinbarungen mit Preußen getroffen. Von besonderer Bedeutung war dabei der Zollvertrag zwischen Bayern und Preußen, der am 1. Januar 1834 in Kraft tretend, den Weg zum Deutschen Zollverein öffnete, dem sich die thüringischen Staaten anschlossen. Die Thüringer nutzten bald die neuen Möglichkeiten, die der größere Binnenmarkt für ihr Wirtschaftsleben bot.

4. Erste Anzeichen der Industrialisierung

Beginnender Wandel im Gewerbe

Die skizzierten politischen und handelspolitischen Voraussetzungen boten den Rahmen für den beginnenden Wandel in der gewerblichen Wirtschaft in der thüringischen Region. Gleichzeitig gingen von ihnen wesentliche Impulse für diesen Prozess aus, in dem sich während der ersten Hälfte des 19. Jahrhunderts in mehreren Gewerbezweigen erste Anzeichen der aufkommenden Industrialisierung bemerkbar machten. In den herkömmlichen Zweigen nahm die seit längerem schon zu beobachtende gewerbliche Großproduktion zu, die allerdings noch auf der bisherigen technologischen Basis beruhte. Aber einige Unternehmer übernahmen technische Neuerungen, die in England entwickelt und inzwischen auch in Preußen und Sachsen erprobt worden waren, um effektiver zu produzieren. Damit im Zusammenhang bildeten sich neuartige Organisationsformen der gewerblichen Produktion heraus. Die zunehmende gewerbliche Großproduktion und die beginnende Technisierung der gewerblichen Fertigungsprozesse, die insbesondere auf der Einführung der Arbeitsmaschine beruhte, brachten grundlegende Veränderungen in der Produzentenschaft mit sich. In den folgenden Abschnitten sollen die ersten Anzeichen einer Industrialisierung in den Gewerbezweigen, die in der thüringischen Region vorherrschten, herausgearbeitet werden.

Großgewerbliche Nahrungs- und Genussmittelproduktion

Das Nahrungs- und Genussmittelgewerbe in Städten und gewerblich geprägten kleineren Ortschaften wurde in der ersten Hälfte des 19. Jahrhunderts noch weitgehend vom zünftigen Handwerk getragen. Wind- und Wassermühlen bereiteten die Halmfrüchte zur Weiterverarbeitung durch zünftige Bäckermeister und in den städtischen und ländlichen Haushalten auf. Am Beginn des Jahrhunderts existierten schon einige großgewerbliche Fabrikationsstätten für Teigwaren. So produzierte man 1802 in Erfurt und im Kloster Roßleben Nudeln für den Markt. Die konzessionierte Erzeugung des Würz- und Konservierungsmittels Essig lag in den Händen finanzkräftiger Unternehmer. Das Brauereigewerbe war in den Städten und auf dem Lande ebenso verbreitet wie die Branntweinherstellung aus Getreide. Dieses Produkt wurde in Nordhausen längst für den überregionalen Markt erzeugt. 1819 waren die Brennereien dieser Stadt Hauptlieferanten für das Königreich Preußen. Sie erhielten freilich seit den Dreißigerjahren Konkurrenz durch den auf den ostelbischen Gütern aus Kartoffeln gebrannten klaren Branntwein. Das zwang die Nordhäuser Brennereien bald, neben Getreide ebenfalls Kartoffeln als Rohstoff einzusetzen.

In den Dreißigerjahren entstand im Nordthüringischen - wie in der benachbarten Provinz Preußen - ein industriell betriebener Zweig des Nahrungsmittelgewerbes. Die auf den dortigen Böden gut gedeihenden Zuckerrüben führten zum Aufbau einer Zuckerindustrie. 1833 wurde in Oldisleben die erste und 1835 in Gotha eine zweite Zuckerfabrik errichtet.

In der ersten Hälfte des 19. Jahrhunderts erfreuten sich der Tabak und die Tabakwaren zunehmender Beliebtheit. Das ließ die Verarbeitung einheimischer und importierter Tabaksorten in den thüringischen Staaten und in Erfurt ansteigen. Pfeifentabak, Zigarren und Kautabak wurde vornehmlich von Handwerkern in Altenburg, Erfurt, Gera und Nordhausen hergestellt. In Nordhausen hatte man sich auf die Fabrikation von Kautabak spezialisiert und im betrachteten Zeitraum eine umsatzfördernde Neuerung eingeführt. Sie bestand darin, den Tabak mit verschiedenen Saucen zu versetzen.

Erste Maschinen in der Garn- und Tuchfabrikation

In der ersten Hälfte des 19. Jahrhunderts setzten im traditionsreichen Textilgewerbe in den thüringischen Staaten grundlegende strukturelle Wandlungen ein.

Seit den Zwanzigerjahren ging das Flachs verarbeitende Leinengewerbe zusehends zurück. Dafür gab es im Wesentlichen zwei Gründe. Zum einen sank die Nachfrage nach Leinenerzeugnissen generell und zweitens hatte sich in den Zentren dieses Gewerbes kein leistungsstarkes Verlagssystem ausgebildet. Die marktunkundigen Leinenweber waren außer Stande, der gut organisierten französischen und belgischen Konkurrenz wirkungsvoll zu begegnen. Deshalb verschwand dieser Gewerbezweig bis zu den Sechzigerjahren des 19. Jahrhunderts im Thüringischen nahezu vollständig. Nach der Aufhebung der Kontinentalsperre ging hier zu Lande das Baumwollgewerbe ebenfalls zurück. In Greiz, wo seit dem 18. Jahrhundert Baumwolle verarbeitet wurde, wandte man sich - weil die englische Konkurrenz zu übermächtig wurde - wieder der Wollverarbeitung zu.

Dieser Zweig des Textilgewerbes nahm im betrachteten Zeitraum überhaupt einen bemerkenswerten Aufschwung. Dazu trugen die politischen Verhältnisse ebenso bei, wie die neuen technischen Möglichkeiten, die sich in der Garnerzeugung zeigten. Die während der Kontinentalsperre wachsende Nachfrage nach Textilien auf der Basis einheimischer Rohstoffe regte einige Verleger dazu an, die aus England bekannte Maschinerie in der Garnproduktion einzusetzen. Als nach der Beseitigung der napoleonischen Herrschaft die englischen Produkte wieder auf den kontinentalen Markt vordrangen, ergab sich die Notwendigkeit, Garn preiswerter als bisher zu erzeugen. Das setzte aber eine fortschreitende Technisierung der Garnerzeugung voraus. Sie erfolgte, wie noch zu zeigen ist, zunächst partiell. Ausgehend von dem Grundsatz, Arbeitsstufen, die für die Qualität der Erzeugnisse ausschlaggebend waren, unter unmittelbarer Aufsicht des Verlegers ausführen zu lassen, wurden Maschinen für die Garnerzeugung in zentralisierten Fertigungsstätten eingesetzt. Die Beschaffenheit dieser Maschinen zwang die Unternehmer zunächst nicht, das gesamte für die Garnproduktion entwickelte Maschinensystem zu erwerben. Sie konnten die Vorbereitung der Wolle für den Spinnprozess durch den Einsatz von Krempelmaschinen mechanisieren oder die Art und Anzahl der Spinnmaschinen nach ihrem jeweiligen finanziellen Leistungsvermögen auswählen. Das hatte auch Konsequenzen für die Organisationsform der Unternehmen. Es ließen sich in garnerzeugenden Unternehmen fabrikähnliche Fertigungsstätten und hausgewerbliche Produktionsform kombinieren. Der Übergangs von der handwerklichen zur industriellen Fertigung von Garnen erfolgte in vielfältigen Formen.

Das zeigen die folgenden Beispiele: 1809 richteten die Kaufleute Carl Eichel, Johann Christian und Johann Friedrich Pfenning in Eisenach eine Kammgarnspinnerei ein und statteten sie mit Spinnmaschinen aus. Zwei Jahre später errichtete der Kaufmann Christoph Münch in Gera eine mechanische Spinnerei. Christian Streiber, der seit 1785 in Eisenach eine Färberei- und Appreturanstalt betrieb, eröffnete um 1811 im benachbarten Mehlhorn eine Spinnerei mit einer Baumwollspinnmaschine für Miletwist. Die Investitionssumme für diese Fertigungsstätte bezifferte er mit 36.900 Reichstaler. Nach dem Ausbleiben englischer Erzeugnisse während der Kontinentalsperre lastete Streiber die vorhandenen Maschine mehrschichtig aus und schaffte weitere Maschinen an. Er erwarb eine Arkwrigth-Spinnmaschine für Kettengarn und ließ Spinningjennys herrichten, die er in Wohnhäusern aufstellte, weil sie von Hand betrieben werden konnten. Den Engländer Withfield beauftragte Streiber mit dem Einrichten einer Maschine zum Spinnen von Kammgarn. Darüber hinaus betrieb der rührige Unternehmer nicht nur eine Tapetenweberei, sondern stellte auch roten Farbstoff selbst her.

Unternehmer, die Spinnmaschinen einsetzten, konnten bald nachweisen, dass das von ihnen erzeugte Produkt dem von Hand gesponnenen Garn qualitativ überlegen war. Da sich auch das aus Maschinengarn gewebte Tuch durchaus mit dem englischen messen konnte, stieg in der Branche das Interesse an den Spinnmaschinen.

Eine nach englischem Vorbild von Johann Christian Weiß, einem Vetter des Eisenacher Carl Eichel, eingerichtete Kammgarnspinnerei nahm 1824 in Glücksbrunn bei Schweina ihren Betrieb auf. In den folgenden Jahren weitete Weiß seine unternehmerischen Aktivitäten auf das südwestliche Thüringen aus. 1824 eröffnete Eduard Brösel in Greiz eine Textilfabrik. In der gleichen Stadt begründeten die Gebrüder Carl Ferdinand, Wilhelm Heinrich und Christian Friedrich eine moderne Fabrikationsstätte. Carl Heinrich Eduard schuf in Greiz eine Wollwarenfabrik. Mitte der Zwanzigerjahre stellte Johann Gottlieb Seige in Pößneck die erste, von einem Pferdegöbel angetriebene Spinnmaschine auf. Durch die Maschinen erhöhte sich die Produktivität des Spinnprozesses. So übernahm ein mit 1.000 Spindeln ausgestatteter Selfaktor, auf dem sich besonders weich gedrehte Garne herstellen ließen, die Arbeit von 6.000 Handspinnern. Eine Folge der mechanisierten Garnerzeugung war der Rückgang der Arbeitskräfte, die bislang ihren Lebensunterhalt mit der Handspinnerei verdienten. Im Eichfeld hatte man um 1840 die gewerbsmäßig betriebene Handspinnerei fast vollkommen aufgegeben. 1869 schloss in Hildburghausen die letzte Handwollkämmerei in diesem Landstrich ihre Pforten. Zugleich gestattete die höhere Produktivität der mechanischen Spinnerei, die Garnpreise herabzusetzen. Im Eichsfeld sank der Erlös für ein Pfund Wollgarn von zehn bis 12 Pfennigen im Jahre 1820 auf zwei Pfennige im Jahre 1850. Im Unterschied zur Kamm- und Baumwollgarnerzeugung, bei der der Technisierungsprozess hier zu Lande seit dem ersten Jahrzehnt des 19. Jahrhunderts Fortschritte machte, setzte er bei Streichgarnen erst in den Vierzigerjahren ein.

Es waren aber nicht nur die verbesserten Garne, die eine höhere Qualität der im Thüringischen gefertigten Tuche ermöglichten, sondern auch die Fortschritte in der Tuchveredlung. In Gera und Greiz sowie in ihrem Umland entstanden Unternehmen, die sich auf das Färben und Appretieren von Tuchen spezialisierten, sodass der bisher übliche betriebsorganisatorische Zusammenhang von Tucherzeugung und -veredlung aufgehoben wurde. Die Tuchveredlung etablierte sich als selbstständiger Gewerbezweig. Ein frühes Beispiel dafür schuf Louis Hirsch, der 1837 in Gera eine leistungsfähige Färberei begründete. Demgegenüber blieben die Hersteller von Streichgarnen in Pößneck und Neustadt bei der traditionellen Organisation und behielten die Arbeitsgänge vom Kämmen der Wolle bis zur Appretur der Tuche in ihrer Hand.

Die stark verbesserte Tuchqualität, die sich positiv auf den Absatz auswirkte, und das zunehmende Garnangebot stimulierte zunächst in den Zentren des thüringischen Textilgewerbes die Handweberei. In Greiz, wo 1830 auf 240 Webstühle gearbeitet wurde, verdoppelte sich Anzahl der Stühle bis 1835. Anfang der Fünfzigerjahre wurden in dieser Stadt über 1.000 Stühle betrieben. Aber nicht überall ließ sich die Webereikapazität in kurzer Zeit so erweitern, dass die anfallende Garnmenge am Ort verarbeitet werden konnte. Das belegen die Verhältnisse in Gera. Obwohl in dieser Stadt die Anzahl der Webstühle zugenommen hatte und 1855 an 850

Stühlen gearbeitet wurde, vermochten die ortsansässigen Weber das erzeugte Garn nicht gänzlich zu verarbeiten. Mitte der fünziger Jahre produzierten die in der Stadt tätigen Spinnereien Garn für 3-4.000 Webstühle. Das überschüssige Garn wurde nach Sachsen, Altenburg und ins reußische Oberland geliefert.

Die Tuchweberei befand sich noch weitgehend in den Händen der Zünfte. Obgleich die Zünfte in den Städten auf die Aufrechterhaltung der Zunftordnung achteten, konnten sie nicht verhindern, dass zentralisierte Webereien entstanden. 1828 eröffnete Moritz Rudolph Ferber eine Weberei in Liebschwitz bei Gera. 1836 richtete Ernst Friedrich Weißflog in der gleichen Stadt eine mechanische Weberei ein. In Ronneburg stieß die Fa. Hennig und Volcker 1841 bei ihrem Versuch, mechanische Webstühle einzusetzen, auf den energischen Widerstand der Handweber, die die Maschinen zerstörten. Es ist nicht überliefert, welchen technischen Stand die mechanischen Webstühle hatten. Das Ronneburger Schnallenlied berichtet von den Erwägungen der Maschinenstürmer:

"Seht ihr auf jenem Hügel / die alte Hütte stehn? /Da drinnen stehn Maschinen / solln von sich selber gehen. / Die wollen wir nicht haben, / die von sich selber gehn, / drum woll'n wir sie zerschlagen, / das könn' wir frei gestehn./ Am sechsundzwanz'gen abends,/ im kühlen Monat März, / das Bier, das war so labend, / wir alle hatten Herz. / Es schlug die Uhr halb neun, / da war'n wir alle da. / Wir stellten uns in Reih'n, / und was, ach, was geschah! / Nun ging's mit Axt und Hammer / nach jener Hütte hin. / Oh weh! Oh weh! Welch Jammer, / die guten, schön' Maschin'! / ... Da hörte man ein Krachen, / ein Bravorufen auch, / so mancher musste lachen, / doch manchen ärgert's auch."[5]

Technische Neuerungen im Wirkwarengewerbe

Die gewerbliche Verarbeitung von Textilien zu Kleidungsstücken erfolgte in der ersten Hälfte des 19. Jahrhunderts durch das Schneiderhandwerk, das von den Kunden seine Aufträge erhielt, die zumeist auch die zu verwendenden Materialien mitlieferten.

Fertige Textilien für den Markt stellten Wirkwarenproduzenten vornehmlich in Apolda und Umgebung sowie in Zeulenroda her. In Apolda wurde 1803 auf 529 Wirkstühlen Wolle, Baumwolle und Seide vorwiegend zu Strümpfen, Kinderkleidern, Röcken und Handschuhen für den überregionalen Markt verarbeitet. In Zeulenroda umfasste in jener Zeit das Wirkwarensortiment Strümpfe, Handschuhe, Mützen und Kleider.

Die Ausrichtung des Wirkwarengewerbes auf den Export hatte während der Kontinentalsperre zu einem starken Rückgang des Absatzes geführt, sodass die vorhandenen Kapazitäten nicht mehr ausgeschöpft werden konnten. In Apolda verringerte sich die Anzahl der betriebenen Wirkstühle um 44 Prozent. In den Dreißiger- und Vierzigerjahren nahm in Apolda und Zeulenroda die Herstellung von Wirkwaren wieder zu. Wenn 1803 in Apolda lediglich an 529 Wirkstühlen gearbeitet wurde, so waren es 1854 insgesamt 1.170.

Zwischen 1825 und 1839 führte man in Apolda mehrere technische Neuerungen ein. 1825 wurde ein Feinkettenwirkstuhl, 1834 ein Doppelkettenwirkstuhl und 1839 ein Rundstuhl in Betrieb genommen. Mit diesen Neuerungen ließen sich die Qualität der Erzeugnisse verbessern, das Sortiment erweitern und die Arbeitsproduktivität im Wirkwarengewerbe steigern.

Die vornehmlich von Hausgewerbetreibenden und in Heimarbeit hergestellten Wirkwaren wurden von Verlegern vertrieben.

Das Bekleidungsgewerbe hatte einen zunehmenden Bedarf an Knöpfen in verschiedener Ausführung. Aus modischen Gründen wuchs in der ersten Hälfte des 19. Jahrhunderts die Nachfrage nach Perlmutterknöpfen, deren Herstellung die Gebrüder Zierfuß in Frankenhausen beherrschten.

Die Brüder hatten das dazu entwickelte Herstellungsverfahren 1834 in Wien kennen gelernt und 1836 in ihrer Heimatstadt Frankenhausen eingeführt. Innerhalb kurzer Zeit eigneten sich auch Produzenten im städtischen Umland die zur Herstellung derartiger Knöpfe erforderlichen Fertigkeiten an.

Mit verschiedenen Textilien bezogene Knöpfe wurden von Posamentiermeistern in mehreren thüringischen Orten für den überregionalen Markt hergestellt. In Roda gingen Ende der Dreißigerjahre drei Handwerksmeister dieses Faches dazu über, die Beschäftigtenzahl in den eigenen Werkstätten zu vergrößern und zunehmend Heimarbeiter heranzuziehen. Einer dieser Posamentierer beschäftigte 1838 fünf Werkstatt- und fünf Heimarbeiter. Drei Jahre später arbeiteten für ihn 18 Arbeitskräfte, darunter 13 weibliche. Neben diesen Posamentiermeistern wandte sich auch ein Verleger der Knopffabrikation zu, für den 1838 15 Posamentiermeister und fünf Arbeiterinnen tätig waren.

Manufakturen und Verlage im Leder verarbeitenden Gewerbe

Leder wurde in handwerklich geführten Gerbereien erzeugt, die ihre Werkstätten hauptsächlich in den viehreichen Gegenden der Region betrieben. Im betrachteten Zeitraum gab es immer wieder Versuche von Gerbermeistern, den durch die Zunftordnung gezogenen Rahmen zu verlassen und ihren Betrieb zu vergrößern. So beschäftigte ein Buntgerber in Saalfeld 63 Arbeitskräfte. Die Gerbereien belieferten einheimische Schuhmacher, Täschner, Beutler und Sattler. Da das einheimische Angebot an Rohleder weder in qualitativer noch in quantitativer Hinsicht den Bedarf des Leder verarbeitenden Gewerbes befriedigte, musste das Material aus anderen Staaten bezogen werden.

Das Leder verarbeitende Gewerbe war ebenfalls zünftig organisiert. Die Zunftmeister stellten in diesen Jahrzehnten Schuhe, Handschuhe, Taschen und andere Lederwaren vorwiegend für eine lokale Kundschaft her. In einigen Städten, dazu gehörten Erfurt, Eisfeld, Gräfenthal, Pößneck, Saalfeld und Schleusingen, gab es eine Konzentration von Schuhmachern. Handwerker dieser Ortschaften setzten ihre Erzeugnisse auf einem überregionalen Markt ab. In Erfurt hatten die Schuhmachermeister Brauer, Gottschalk und Soller 1795 die Schuhmanufaktur Soller & Co. gegründet. Sie erhielt während der französischen Besetzung der Stadt den Auftrag, für die Armee in zwei Lieferungen 50.000 Paar Militärstiefeln herzustellen. Die Fa. Soller & Co ließ die Stiefelteile sowohl in den eigenen Werkstätten als auch von in Lohn stehenden Heimarbeitern fertigen. Da die Schuhmachermeister in der Stadt nicht gewillt waren, standardisierte Stiefel in einer vorgegebenen Zeit herzustellen, sahen sich die Firmeninhaber genötigt, Arbeiten an Schuhmacher im Erfurter Umland zu vergeben.

In Altenburg, dem Zentrum der Lederhandschuhfertigung, waren in den Dreißigerjahren zwei verlegerische Unternehmungen entstanden. Davon beschäftigte der eine Verleger 1838 zehn Arbeitskräfte in der verlagseigenen Werkstätte und 90 Heimarbeiterinnen und der andere im gleichen Jahre 68 Arbeitskräfte in der Werkstätte und 275 Näherinnen in Heimarbeit. Beide Unternehmen versandten ihre Erzeugnisse ins Ausland.

Innovationen im Glasgewerbe

Die Glaserzeugung und -verarbeitung lässt sich in der thüringischen Landschaft bis in das 12. Jahrhundert zurückverfolgen. Die Rohglasproduktion basierte auf den einheimischen Vorkommen. Geeignete Sande fanden sich in Steinheid, Martinsroda, Pörlitz, Wiedersbach, Dietharz und Neuhaus bei Sonneberg. Die Pottasche ließ sich aus Buchenholzasche gewinnen. Die Wälder deckten den Brennstoffbedarf. Das Glasgewerbe erfreute sich der wohlwollenden Förderung durch die Landesherren, die den Hütten Privilegien gewährten.

Rohglas wurde in Hütten von unterschiedlicher Größe erzeugt. Bis in das 18. Jahrhundert hinein dominierten Glashütten, die Glasmeister auf genossenschaftlicher Grundlage betrieben. Ein treffendes Beispiel bietet die 1597 gegründete Dorfglashütte in Lauscha. Die an einer Hütte beteiligten Glasmeister verarbeiteten in der Regel das Rohglas selbst oder ließen es im eigenen Auftrag zu Fertigerzeugnissen verarbeiten. Im 18. Jahrhundert entstanden zunehmend größere Hütten, die von mehreren Kapitaleignern finanziert und in deren Auftrag von Glasmeistern geführt wurden. In der ersten Hälfte des 19. Jahrhunderts kam es durch einzelne Unternehmer zu Neugründungen, die ihr Kapital in diesem Zweig arbeiten lassen wollten. Sie beschränkten sich zumeist auf die Rohglaserzeugung. Verschiedene neugegründete Hütten verarbeiteten das Rohmaterial weiter zu Tafelglas. In diesen Unternehmen wandte man eine Reihe von Neuerungen an. Im Unterschied zu den genossenschaftlich betriebenen Hütten, in denen die Glasmeister jeweils nur so viel Rohglas herstellten wie sie weiterverarbeiten konnten oder wollten, arbeiteten die großen Hütten - abgesehen von technologisch bedingten Unterbrechnungen - während des ganzen Jahres. Gleichzeitig wurden die Öfen und Glashäfen vergrößert und die Wärmewirtschaft der Öfen verbessert.

Das von den genossenschaftlich arbeitenden Glasmeistern produzierte und weiterverarbeitete Rohglas brachten Raffträger, Schubkärner und Glasführer, die in den umliegenden Bauern- und Fuhrmannsdörfern lebten, in die Handelsorte.

Als im Verlaufe des 18. Jahrhunderts Glasperlen zu vielfältigen Zwecken immer mehr in Mode kamen, bot sich für Glasmacher am Ausgang des Jahrhunderts die Möglichkeit, die Rohglaserzeugung aufzugeben und sich ausschließlich auf die Glasperlenherstellung zu spezialisieren. Die große und relativ stete Nachfrage nach diesem Produkt erlaubte einem Teil der Produzenten ihre wirtschaftliche Existenz ausschließlich auf diesen Zweig der Glasverarbeitung zu gründen. Dadurch entwickelte sich die Glasperlenherstellung zu einem selbstständigen Hausgewerbe, bei dem die Glasmacher vor der Lampe Glasperlen in ihren Wohnstätten fertigten.

Diese Entwicklung wurde um 1820 durch eine technische Neuerung gefördert. Johann Georg Greiner führte in Lauscha zur Unterstützung der Glasbläserei den Blasebalg ein, der nicht nur die Arbeit vor der Lampe erleichterte, sondern zugleich auch eine höhere Arbeitsproduktivität ermöglichte. Da die gestalterische Kreativität, die Geschicklichkeit und die Nutzung der Arbeitszeit bei den Hausgewerbetreibenden unterschiedlich ausgebildet waren, kam es zwischen ihnen bald zu einer sozialen Differenzierung. Eine Veränderung im Absatzsystem beförderte die unternehmerische Trennung von Glaserzeugung und -verarbeitung. Sonneberger Großkaufleute, die bislang vornehmlich mit Spielwaren handelten, erwarben um 1789 das Privileg für den Vertrieb von Glasperlen. In genauer Kenntnis der Marktverhältnisse gingen sie dazu über, Glasbläsern konkrete Aufträge zu erteilen und die Konditionen vorzuschreiben, unter denen sie die fertige Ware abnahmen. Die Glasbläser, die für die zur Ausführung der Aufträge notwendigen Produktionsbedingungen - Rohglas, Arbeitsräume und -instrumente usw. - aufkamen, mussten dem Kaufmann die vereinbarten Fertigerzeugnisse zu den vorher ausgehandelten Modalitäten überlassen.

Lauscha bildete das Zentrum dieses Produktionszweiges, aber bald verbreitete sich die Perlenfabrikation auch in Igelshieb, Neuhaus, Steinheid und Geisertal.

Anfang des 19. Jahrhunderts kam der Brauch auf, in Wohnungen und Kirchen einen geschmückten Weihnachtsbaum aufzustellen. Das regte die Lauschaer Glasmacher dazu an, gläsernen Baumschmuck anzufertigen. Die Eigenart des Materials, die Erfahrungen und eine künstlerische Neigung der Glasbläser ließen vielfältige Erzeugnisse entstehen. Mit der neuen Erzeugnislinie vermochten die Glasbläser auftretende Nachfrageschwankungen im Perlengeschäft zu kompensieren. Dem Lauschaer Beispiel folgten Glasbläser in Steinheid und in verschiedenen Orten des Meininger Oberlandes.

Anfang der Dreißigerjahre des 19. Jahrhunderts gelang es dem Glasbläser Berka, ein Thermometer herzustellen. Als dessen Stützerbacher Arbeitgeber F. F. Greiner diese Möglichkeit, Glas zu verarbeiten, kennen lernte, entschloss er sich, Thermometer in einem größeren Umfang zu fabrizieren. Nachdem Greiner in der Herstellung von Thermometerglas eine hinreichende technologische Sicherheit gewonnen hatte, begann er auch andere Glasinstrumente anzufertigen. Damit erschloss er für sein Unternehmen ein ertragreiches Absatzfeld, denn der Aufschwung in den Naturwissenschaften und in der Medizin ließ den Bedarf an gläsernen Instrumenten für die vielfältigsten Verwendungszwecke wachsen. Die Technologie der Thermometer- und Instrumentenherstellung, die Bläserei vor der Lampe, verlangte eine besondere Geschicklichkeit, sodass nicht ohne weiteres eine Konkurrenz entstehen konnte. Dieser Zweig der Glasverarbeitung verbreitete sich von Stützerbach aus über den mittleren Thüringer Wald.

Ein Würzburger Augenarzt gab den Anstoß für einen weiteren zukunftsträchtigen Zweig der Glasverarbeitung. Da die Pariser Glasmacher, die sich auf die Herstellung künstlicher Augen spezialisierte hatten, für ihr Produkt einen ansehnlichen Preis verlangten, suchte der Mediziner nach einer Möglichkeit, künstliche Augen in Deutschland herstellen zu lassen. Er wusste, dass im Thüringischen Puppenaugen aus Glas gefertigt wurden und bat einen Sonneberger Kaufmann, ihn mit einem Glasbläser bekannt zu machen. Der Kaufmann verwies den Mediziner an den 21-jährigen Müller-Uri in Lauscha. Der junge Mann nahm sich dieser Aufgabe an und fand 1835 ein besonderes Mischungs-, Schmelz-, Form- und Hüttenverfahren, das zu einem überraschend gutem Ergebnis führte. In den folgenden Jahrzehnten vervollkommnete Müller-Uri diese Technologie, sodass die in Lauscha hergestellten künstlichen Menschenaugen einen guten Ruf erwarben und sicheren Absatz fanden.

Die Ausbreitung der Porzellanherstellung

Aus dem Glas erzeugenden Gewerbe des thüringischen Landstrichs kam ein starker Impuls für einen neuen Produktionszweig von überregionaler Bedeutung, dem Porzellangewerbe. Es waren die Glasmeister Johann Gotthelf und Johann Gottfried Greiner aus Limbach, die um 1760 den Weg zur Porzellanherstellung suchten und fanden. Sie verfügten über Kenntnisse von der Beschaffenheit und den Fundorten der für die Herstellung dieses keramischen Produkts erforderlichen Rohstoffe, und sie waren mit der Erzeugung hoher Temperaturen sowie mit dem Verhalten von Stoffen unter hohen Temperaturen vertraut. Sie besaßen darüber hinaus auch die finanziellen Mittel, um die notwendigen Experimente auszuführen und die aufwändigen Produktionsanlagen zu errichten. Außer den beiden Glasmachern erschloss sich auch der Theologe und Naturkundige Georg Heinrich Macheleid um 1760 einen Zugang zur Porzellanherstellung. Macheleid fand die Unterstützung des Johann Friedrich von Schwarzburg-Rudolstadt bei der Gründung einer Sozietät zur kommerziellen Nutzung seiner Entdeckung, die er aber schon nach wenigen Jahren verließ.

Es waren vor allem Mitglieder der Greiner-Familie, die mit unternehmerischer Umsicht in den verschiedenen thüringischen Staaten Porzellanmanufakturen gründeten oder sich an bestehenden Fabrikationsstätten beteiligten. Sie nutzten die Vorkommen von Kaolin, kaolinhaltigen Sanden und Feldspat, verschafften sich landesherrliche Privilegien, sicherten sich die Brennstoffversorgung, zogen Fachkräfte aus den Glashütten heran, stellten erfahrene Maler und Modelleure ein und griffen auf billige Hilfskräfte zurück. Vor allem aber gewannen sie das Interesse der Landesherren, die aus dem aufkommenden Gewerbe nicht nur fiskalischen Nutzen und Prestige zu ziehen suchten, sondern auch ein einträgliches Geschäft aus dem Verkauf von Brennstoff aus den Teilen des Thüringer Waldes machen wollten, die bisher gewerblich noch nicht erschlossen waren.

An der Wende vom 18. zum 19. Jahrhundert gab es in den thüringischen Staaten 12 Porzellanmanufakturen, die ihren Standort in Gotha, Blankenhain bei Weimar, Gera, Eisenberg, Pößneck, Sitzendorf, Kloster Veilsdorf, Lichte-Wallendorf, Limbach, Breitenbach, Ilmenau hatten. Die Kapazität der Manufakturen überstieg im ersten Jahrzehnt des 19. Jahrhunderts die Nachfrage, sodass Unternehmen die Greiner-Familie drängten, den scharfen Wettbewerb, der zwischen den Porzellanherstellern herrschte, zu regulieren. 1814 einigten sich Manufakturisten in einem zunächst auf ein Jahr befristeten Vertrag auf die geeigneten Maßnahmen. Sie gingen dazu über, ihre Erzeugnisse ebenso zu kennzeichnen wie die führenden europäischen Porzellanmanufakturen, verständigten sich über Verkaufspreise und gaben Arbeitskräften, die aus den Unternehmen ausschieden, einheitlich gestaltete Arbeitszeugnisse mit auf den Weg. Die Vertragspartner erreichten, dass es bis in die Dreißigerjahre hinein zu keinen unerwünschten Neugründungen von Manufakturen in den thüringischen Staaten kam. In der zweiten Hälfte der dieses Jahrhunderts gründeten Kaufleute, die ihr Geldkapital in der gewerblichen Wirtschaft anlegen wollten, Porzellanmanufakturen. Dazu gehörten die 1834 in Neuhaus, 1835 in Ohrdruf und 1837 in Scheibe-Alsbach entstandenen Betriebe. 1847 zählte man in den thüringischen Staaten 25 Manufakturen mit 1.843 Beschäftigten.

Die Qualität des thüringischen Porzellans war sehr unterschiedlich. Einigen Manufakturen, so in Gotha und Lichte-Wallendorf, gelang ein feiner Scherben und eine saubere warmtönige Glasur. Die Manufaktur in Kloster Veilsdorf erzielte wiederum künstlerisch anspruchsvolle Erzeugnisse. Andere Fabrikationsstätten, darunter die in Limbach, Ilmenau,

Breitenbach, beschränkten sich auf Gebrauchsgeschirr. Im Laufe der Jahre spezialisierten die Manufakturen ihr Sortiment. Während die einen vornehmlich Haushaltsporzellan anfertigten, legten andere ihr Schwergewicht auf Gegenstände, die als Thüringer Artikel bezeichnet wurden. Das waren Töpfchen, Becher, Schalen, Schreibzeug, Tabakpfeifen und -dosen, Leuchter, Löffel usw. Künstlerisch gut gestaltetes Porzellan aus dem Thüringischen fand in Haushalten der Höfe und Patrizierhäuser Eingang. Zumeist aber wurde es von Bürgern und wohlhabenden Bauern erworben. Allmählich verdrängte Porzellangeschirr das aus Holz, Zinn oder Steingut.

Im Laufe der Zeit entstanden vorwiegend kleine Unternehmen, die sich auf die Porzellanmalerei spezialisierten. Ein besonderes Beispiel ist die von August Brettschneider in Altenburg betriebene Porzellanmalerei, die 1838 16 Porzellanmaler und Hilfskräfte beschäftigte. Ihre Erzeugnisse erfreuten sich eines guten Rufes. Die Manufakturen suchten freilich, das Aufkommen selbstständiger Porzellanmalereiwerkstätten zu verhindern.

Das Holz verarbeitende Gewerbe

Der Holzreichtum bildete seit Jahrhunderten die Grundlage für ein vielgestaltiges Holz verarbeitendes Gewerbe im Thüringischen. An den Wasserläufen lagen Sägemühlen, die das Baugewerbe mit Brettern und Balken belieferten und Hölzer für das Holz verarbeitende Gewerbe anboten. Der wachsende Bedarf des einheimischen Exportgewerbes an Transportbehältnissen regte viele Mühlenbesitzer im südöstlichen Thüringen dazu an, Kisten herzustellen.

Das Holz verarbeitende Gewerbe fertigte bis in das 19. Jahrhundert hinein vorwiegend Haus- und Küchengeräte. Grobschnitzer hatten sich auf das Herstellen von Fässern, Kisten, Kübeln, Wannen, Eimern, Kufen, Mulden oder auch Schiebekarren spezialisiert. Die Feinschnitzer produzierten hingegen Salzmetzen, Späne, Siebe, Schreibzeug, Wiegen oder hölzernes Küchengeschirr, zuweilen auch Spielzeug. Der seit Ende des 18. Jahrhunderts zunehmende Holzmangel und die Gepflogenheit der Förster, das geschlagene Holz vornehmlich an Schneidemühlen zu verkaufen, erschwerte Schnitzern den Zugang zu geeignetem Material. Da das Holz verarbeitende Gewerbe nicht zünftig organisiert war und sich in dieser Gegend überhaupt wenig Erwerbsmöglichkeiten fanden, wuchs die Zahl derer, die hölzerne Artikel fertigten, rasch an. Dadurch vergrößerte sich nicht nur die Nachfrage nach Holz, sondern es nahm zugleich die Konkurrenz zu. Das hatte steigende Holzpreise und sinkende Erlöse aus dem Verkauf von Fertigwaren zur Folge. Die Schnitzer verkauften ihre Erzeugnisse in der Regel entweder an einen Zwischenhändler oder arbeiteten für einen Verleger. Möbel wurden in der ersten Hälfte des 19. Jahrhunderts von einschlägigen Handwerksbetrieben hergestellt. Gelegentlich bauten Grobschnitzer einfache Möbelstücke. In Suhl und Umgebung hatte die Waffenproduktion zu einem besonderen Zweig des Holz verarbeitenden Gewerbes geführt, der die Holzteile für Waffen herstellte.

Materielle Grundlagen zum Erlernen von Kulturtechniken

Das thüringische Gewerbe trug in der ersten Hälfte des 19. Jahrhunderts auf unterschiedliche Weise mit seinen Erzeugnissen zur kulturellen Entwicklung bei. Die Fortschritte im allgemeinen Bildungswesen, die sich zum Beispiel in der Einführung der allgemeinen Schulpflicht in den Staaten des Deutschen Bundes oder in der Erweiterung des Elementarunterrichts in England äußerten, bedurften materieller Voraussetzungen. Dazu gehörten u.a. Schiefertafeln und -griffel, die in Steinach, Lehesten oder Gräfenthal hergestellt wurden. Die bei diesen Orten fündigen Vorkommen an feinem Schiefer ermöglichten die Fabrikation dieser Hilfsmittel für das Erlernen von Kulturtechniken. Die Griffelschiefervorkommen waren in dem hier betrachteten Zeitraum die Einzigen ihrer Art in der Welt. Sie befanden sich im Eigentum der Domänen oder in Privathand. Das ergiebige Feld bei Lehesten hatte 1804 der sächsisch-meiningische Staat übernommen und darauf ein staatseigenes Unternehmen begründet. Bis 1832 konnte jeder, der Schiefer abbauen wollte, mit den sächsisch-meiningischen Behörden einen Pachtvertrag schließen und den gewonnenen Schiefer verarbeiten. Seit 1832 wählten die Gewerbetreibenden, die Schiefer brachen, einen Vorsteher und brachten die Pachtsumme, die die Behörden für ein bestimmtes Vorkommen festlegten, gemeinsam auf. So beuteten 42 Griffelproduzenten den Griffelberg bei Thierbach gemeinsam aus.

Die Bearbeitung des durch Loskeilen oder Sprengen gewonnenen Schiefers erfolgte mit einfachem Handwerkszeug anfangs in den Wohnhäusern der Hausgewerbetreibenden. Dazu zogen sie auch Familienangehörige heran. Später verlegten die Griffelmacher die Herstellung des Finalprodukts ganzjährig an den Gewinnungsort. Die Tafelmacher arbeiteten in den Sommermonaten am Schieferbruch und während der kalten Jahreszeit zu Hause. Seit 1835 förderte der Staat den Einsatz von Maschinen. Mit der Schiefertafelfertigung war in Probstzella und Würzbau ein Gewerbe entstanden, das sich auf die Herstellung von Rahmen für die Tafeln spezialisiert hatte.

Den Absatz ihrer Erzeugnisse überließen die Gemeinschaften Verlegern oder Fuhrunternehmern. Unter den Verlegern befanden sich auch Faber in Nürnberg und Frege in Leipzig.

Neben Schiefertafeln und -griffeln, den Hauptprodukten des thüringischen Schiefergewerbes, verarbeitete man Schiefer zu Baumaterial. 1846 stellte das Schiefergewerbe im Herzogtum Sachsen-Meiningen insgesamt 45.504 Zentner Schieferwaren her, davon waren 67 Prozent Tafeln und Griffel und 33 Prozent Dachschiefer.

Zu Beginn des 19. Jahrhundert war das Papier erzeugende Gewerbe im Thüringischen noch sehr verbreitet. Die Mehrheit der Papiermühlen blieb bei der traditionellen Handschöpftechnik. Nur wenige Unternehmen wandten sich den fortschrittlichen Herstellungsverfahren zu, die seit Ende des 18. Jahrhundert aufkamen. Dazu gehörten die Unternehmen in Fockendorf, Greiz, Heiligenstadt, Ihlfeld und Wernshausen. Das Festhalten an überholten Techniken führte dazu, dass dieser Gewerbezweig in der Region im Laufe des 19. Jahrhunderts an Bedeutung verlor.

Das Druckgewerbe erhielt durch eine Vielzahl renommierter Buchverlage, die in den thüringischen Staaten und in Erfurt in der ersten Hälfte des 19. Jahrhunderts bereits tätig waren oder entstanden, starke Impulse.

Spielwaren

Das in Sonneberg seit dem 14. Jahrhundert gepflegte Spielwarengewerbe nahm nach dem Aufheben der Kontinentalsperre einen bemerkenswerten Aufschwung. Die Hausgewerbetreibenden und Heimarbeiter stellten eine Vielfalt von Produkten her. Es sollen nur die bemalten Holzspielwaren, das Metallspielzeug, die Kinderwagen und Schiebekarren, Drehorgeln, Brettspiele und die Puppen hervorgehoben werden. Der Vertrieb der Sonneberger Spielwaren lag in den Händen von Kaufleuten. Ein 1789 vergebenes Privileg schrieb die strikte Trennung von Produktion und Handel vor. In der Spielwarenfertigung kam es immer wieder zu Produkt- und Verfahrensinnovationen. Das zeigte sich besonders in der Puppenfabrikation. Bis zum Beginn des 19. Jahrhunderts wurden Puppenköpfe aus Märbeln oder einem aus Schwarzmehl und Leimwasser hergestellten Teig gefertigt. 1805 übernahmen die Gebrüder Gottlieb und Johann Friedrich Müller das Herstellungsverfahren für Papiermaché aus Frankreich und erwarben die Konzession für die Fertigung von Erzeugnissen aus einem Gemisch aus Altpapier, Leim und Gips oder Ton.

Anfangs wurde das Material nur als Untergrund genutzt, auf den man den bisher verwendeten Teig auftrug. Die Erfindung der Drück- oder Schwefelformen, in die sich das Papiermaché drücken ließ, erlaubte die Herstellung gleichförmiger Rohlinge in größeren Stückzahlen durch ungelernte Arbeitskräfte. So konnten zehn Drücker mit jeweils zehn Formen am Tage 50 Abgüsse anfertigen. Dieses Verfahren machte die Tätigkeit der Bossierer, die sich die für das freihändige Modellieren der Puppenkörper aus Teig nötigen Arbeitsfertigkeiten erst in mehreren Jahren aneignen konnten, überflüssig. Darum verwundert es nicht, dass sie, die zünftig organisiert waren, sich gegen diese Neuheit wehrten. Aber nach und nach ließ sich ein Teil von ihnen von den Vorteilen des neuen Verfahrens überzeugen. Sie bestanden in geringeren Materialkosten, in der Möglichkeit, größere Stückzahlen gleichartiger Erzeugnisse herzustellen sowie in der größeren Haltbarkeit des Produkts. Nicht unwesentlich war aber auch das geringe Gewicht des neuen Produkts, das sich beim Export als vorteilhaft erwies. Denn die Höhe des zu entrichtenden Zolls wurde nach dem Gewicht des zu verzollenden Gutes berechnet. Dadurch ging innerhalb weniger Jahrzehnte die Anzahl der Bossierer in Sonneberg zurück. An die Stelle der 40 zünftig organisierten Bossierer, die im ersten Jahrzehnt des 19. Jahrhunderts in Sonneberg arbeiteten, traten 1844 in dieser Stadt und ihrer Umgebung mehr als 750 Papiermachéarbeiter und Drücker. Mit der Durchsetzung dieses Verfahrens ging eine Arbeitsteilung zwischen den Produzenten der Rohlinge und den Malern einher. Viele von ihnen betrieben ihre Tätigkeit im Hausgewerbe. Sie überließen den Vertrieb ihrer Produkte Verlegern. Einige Verleger richteten in den Vierzigerjahren großgewerbliche Fertigungsstätten ein. Dazu gehörten die Unternehmen von Adolf Fleischmann, Müller-Straßburg sowie Eschner und Kompagnie. Sie stießen freilich auf den Widerstand der Hausgewerbetreibenden, die ihre Zunftorganisation wieder aufleben lassen wollten.

Bedrängte Hausgewerbetreibende zerstörten 1849 das Fleischmannsche Unternehmen.

Metallwaren

Bis in die erste Hälfte des 19. Jahrhundert hinein wurde auf den Höhen des Thüringer Waldes Roheisen und Rohstahl erzeugt. Die Voraussetzungen dafür boten die Erzvorkommen, der Holzreichtum und die Energie der fließenden Gewässer. Aber seit Ende des 18. Jahrhunderts sahen sich immer mehr Hütten genötigt, die Produktion einzustellen. Die Gründe dafür lagen im Erschöpfen der Erzvorkommen, im knapper werdenden Brennstoff und im Aufkommen der westdeutschen Konkurrenz. Lediglich einzelne Hütten im preußischen Gebiet des Thüringer Waldes konnten sich noch behaupten, weil das von ihnen erzeugte Qualitätsroheisen gefragt blieb.

Auf dieser schwarzmetallurgischen Basis war in Schmalkalden, Suhl, Zella und Mehlis, Steinbach sowie in der Umgebung dieser Orte ein Metall verarbeitendes Gewerbe entstanden. Im Laufe der Jahrzehnte hatten sich zünftig organisierte Handwerker in den einzelnen Ortschaften auf Werkzeuge und Handfeuerwaffen spezialisiert. In Ruhla, Steinbach und Liebenstein dominierten bis in das frühe 19. Jahrhundert die Messerschmiede. Sie zeigten sich aber der westdeutschen Konkurrenz ebenfalls nicht gewachsen und mussten bis zur Mitte des Jahrhunderts ihr Gewerbe aufgeben, ins Preußische ziehen oder auf die Herstellung von Pfeifenbeschlägen und anderen Kleineisenerzeugnissen ausweichen. In Ruhla sank zwischen 1794 und 1854 die Anzahl der Messermacher von 260 auf 13 und in Steinbach von 450 Messerschmieden und 90 Schlossern auf insgesamt 30 Handwerker dieses Zweiges. Des Weiteren gab es eine Vielzahl von Zunfthandwerkern, die Metallwaren für die Landwirtschaft und das Transportwesen herstellten, darunter Pferdestriegel, Geschirrbeschläge oder Ketten. Andere wiederum erzeugten Handwerkszeug für verschiedene Gewerke wie Hämmer, Ahlen, Nadeln, Raspeln, Feilen oder Haushaltwaren.

Die Metallhandwerker, insbesondere die Ahlen-, Zeug- und Schnallenschmiede, hielten streng an ihrer Zunftorganisation fest.

Eine 1824 für die Metallgewinnung und -verarbeitung erlassene Gewerbeordnung erlaubte, bei bestimmten Gegebenheiten zur gewerblichen Großproduktion überzugehen. Nachdem ein Unternehmer im Steinbacher Gebiet eine moderne Fabrikationsstätte für Nägel errichtet hatte, zerstörten Zunfthandwerksmeister diesen Betrieb. Auch der 1849 in Alsbach unternommene Versuch, ein solches Unternehmen nebst Schleiferei zu eröffnen, musste aufgegeben werden, weil die Nagelschmiede die Zerstörung des Unternehmens androhten.

Der Zündnadel-Hinterlader - eine neuartige Handfeuerwaffe

Die Qualität des thüringischen Eisens begünstigte seit dem 15. Jahrhundert die Herstellung von Schusswaffen in Suhl, Ruhla, Zella, Mehlis und Schmalkalden ebenso wie die vielen kriegerischen Verwicklungen in Europa und die Fortschritte im Militärwesen, von denen die einheimischen Waffenproduzenten profitierten. Das zeigte auch die starke Nachfrage am Ende des 18. und in den ersten Jahrzehnten des 19. Jahrhunderts. Die thüringischen Schusswaffen - Militärgewehre, Pistolen, Revolver, aber auch Jagdflinten und Luxusgewehre - wiesen eine ausgezeichnete handwerkliche Qualität auf. Das war auch der Grund, weshalb der Rückgang der Eisenerzeugung die Waffenherstellung nicht beeinträchtigte. Die Güte der Schusswaffen ließ einen Preis erzielen, der die wachsenden Transportkosten für die Materialbeschaffung mehr als kompensierte.

Die in Zünften zusammengeschlossenen Büchsenmacher waren von ortsansässigen Waffenhändlern abhängig. In Suhl lag der Waffenabsatz in den Händen von fünf Kaufleuten. Im Laufe von Jahrzehnten hatte sich eine lokale Arbeitsteilung herausgebildet. Handwerker in einzelnen Ortschaften spezialisierten sich auf die Produktion bestimmter Waffenarten. Die Suhler Büchsenmacher konzentrierten sich weitgehend auf die Produktion von Militärgewehren. Dazu trug der Übergang des Suhler Gebietes an Preußen im Jahre 1810 maßgeblich bei, denn die preußische Armee bezog aus Suhl einen nennenswerten Teil ihrer Bewaffnung. Die Waffenproduzenten in Zella und Mehlis hingegen bauten das Geschäft mit Pistolen, Revolvern, Jagd- und Luxusgewehren weiter aus. In Schmalkalden befassten sich die Büchsenmacher, deren Zunft 1825 22 Meister, 20 Gesellen und acht Lehrlinge zählte, ebenfalls vornehmlich mit der Herstellung von Militärgewehren. 1847 fertigten sie 1.300 bis 1.400 Militär- und 400 Jagd- und Luxusgewehre. In Schmalkalden war es dem hessischen Oberzeugmeister Matthias Conrad Pistor im Jahre 1744 gelungen, eine Gewehrmanufaktur zu eröffnen, die bis 1854 bestand. In Suhl setzten 1838 die fünf ansässigen Gewehrhändler mit tatkräftiger Unterstützung der preußischen Militärbehörden den Aufbau einer großgewerblichen Fertigungsstätte für Militärgewehre gegen den Widerstand der Zünfte und des Magistrats durch. 1840 errichtete der Fabrikenkommissar Haenel mit finanziellen Mitteln des preußischen Staates in Suhl eine zweite derartige Produktionsstätte, der neben der Anfertigung von Gewehren auch die Ausbildung von Militärgewehrbüchsenmachern oblag. Darüber hinaus hatte Haenel die Aufgabe, anhand eigener Berechnungen die Richtigkeit der von den Waffenhändlern geforderten Preise zu überprüfen. Diese Fabriktionsstätte beschäftigte 1843 88 Arbeitskräfte.

Die wachsenden Qualitätsanforderungen der Militärs an die Gewehre, sie betrafen die Zielgenauigkeit und Austauschbarkeit der besonders anfälligen Schlossteile, vor allem aber die spürbare Konkurrenz der Herzberger und Amberger

Waffenproduzenten hatten die Suhler Waffenhändler am Beginn des 19. Jahrhunderts dazu veranlasst, das Gesenkschmieden durchzusetzen.

In Sömmerda bildete sich in den Zwanziger- und Dreißigerjahren des 19. Jahrhunderts ein neues Zentrum der Handfeuerwaffenfabrikation heraus. In der Kleineisenfabrikationsstätte von Carl Collenbusch und Nikolaus Dreyse hatte man sich Anfang der Zwanzigerjahre neben der Herstellung von Nägeln, Striegeln, Fensterbeschlägen und Lanzenspitzen der Produktion von Zündhütchen für Perkussionsgewehre zugewandt. Dreyse, der sich in Paris mit der Konstruktion und dem Bau von Gewehren vertraut gemacht hatte und in Sömmerda die Zündmittelherstellung leitete, wandte sich 1826 der Konstruktion von Gewehren zu. 1827 meldete er mehrere Gewehre in Preußen zum Patent an, die bereits Grundelemente für einen Zündnadel-Hinterlader aufwiesen. Von waffentechnisch aufgeschlossenen Offizieren der preußischen Armee ermuntert und gefördert, setzte Dreyse seine Bemühungen um eine moderne Handfeuerwaffe fort. 1833 stellte er einen Vorderlader vor, der sich durch eine verbesserte Feuerfrequenz auszeichnete und zugleich leichter handhabbar war. Wenig später gelang ihm die Konstruktion eines Zylinderschloss-Vorderladers. Das Schloss bildete die Grundlage für den Zündnadel-Hinterlader. Der preußische König, von verschiedenen Seiten über die Arbeiten von Dreyse unterrichtet, nahm den Konstrukteur 1834 in seine Dienste. 1835 konnte Dreyse den ersten Zündnadel-Hinterlader und 1836 das erste Zylinderschlossgewehr mit Zündnadelmechanismus und Papiereinheitspatrone, den gezogenen Zündnadel-Hinterlader, vorstellen. Der preußische König erteilte am 4. Dezember 1840 den Befehl, 60.000 Gewehre diesen Typs für seine Armee zu produzieren. Dreyse, der bei seinem Eintritt in den Staatsdienst aus dem gemeinsam mit Collenbusch geführten Unternehmen ausgeschieden war, errichtete Anfang der Vierzigerjahre in Sömmerda eine Fabrikationsstätte, in der Gewehre, Treibspiegel, das waren Bestandteile der im Zündnadel-Hinterlader verwandten Papierpatronen, und Munition produziert wurden. Die Investitionsmittel setzten sich aus Eigenkapital und einem staatlichen Kredit in Höhe von 90.000 Talern zusammen. Der preußische Staat unterstützte das neue Unternehmen aber nicht nur finanziell. Er half auch, einen besonderen Engpass in der Aufbauphase zu überwinden. Da Dreyse in Sömmerda und Umgebung nicht genügend Fachkräfte vorfand, wurden zwischen 1841 und 1849 versierte Schlosser, Mechaniker und Büchsenmacher aus der preußischen Armee zur Arbeit in die Gewehrfabrik abkommandiert. Ihre Anzahl schwankte zwischen 36 im Jahre 1841 und 155 im Jahre 1843. Die Belegschaft der Gewehrfabrik, die sich 1842 auf 386 Personen belief, zählte 1848 604 Arbeiter und Angestellte.

Mit dem Zündnadel-Hinterlader hatte der Schlossergeselle Nikolaus Dreyse eine grundlegende Neuerung in der Handfeuerwaffentechnik hervorgebracht, die auf Grund günstiger Bedingungen schon nach kurzer Zeit produktionswirksam werden konnte. Dreyse verfügte über finanzielle Mittel, die unentbehrlich waren, um in zehnjähriger Entwicklungsarbeit ein ausgereiftes Produkt anbieten zu können, das vom Anwender sofort in großen Stückzahlen nachgefragt wurde. Allerdings verpflichtete der preußische Staat Dreyse zur Geheimhaltung und beschränkte damit die kommerzielle Nutzung dieser Innovation.

Eine Zwischenbilanz

Die Veränderungen, die sich bis zur Mitte des 19. Jahrhunderts im thüringischen Gewerbe vollzogen, lassen den Schluss zu, dass in der Region der Industrialisierungsprozess begonnen hatte. Ein Kennzeichen dafür war die weitere Zersetzung der herrschenden Gewerbeordnung, die, wenn auch abgeschwächt, noch immer vom Zunft- und Konzessionswesen bestimmt wurde. In vielen Gewerbezweigen nahmen die Bestrebungen unternehmerisch veranlagter Handwerksmeister und -gesellen sowie von Kaufleuten zu, die gewerbliche Großproduktion durchzusetzen. Die hauptsächlichsten Triebfedern für diesen Trend bestanden in der wachsenden Nachfrage nach gewerblichen Erzeugnissen, in den sich bietenden neuen technischen und produktionsorganisatorischen Möglichkeiten zur Produktionssteigerung und natürlich in den zunehmenden Gewinnchancen. Allerdings gab es für die Ausbreitung der gewerblichen Großproduktion Grenzen, die vornehmlich aus den beschränkten finanziellen Ressourcen der in der Region agierenden Unternehmer resultierten.

Ein zweites Kennzeichen für den sich abzeichnenden Industrialisierungsprozess bestand in der Zunahme von Unternehmen in den meisten Gewerbezweigen, die eine gemischte Produktionsorganisation aufwiesen. In diesen Unternehmen standen ausgewählte Produktionsstufen unter unmittelbarer Kontrolle des Inhabers oder eines von ihm beauftragten Managers. Für die Auswahl dieser Produktionsstufen gab es verschiedene Gründe, aber in der Regel entschieden die Arbeitsoperationen auf diesen Stufen über die Qualität des Finalprodukts. Die auf dieser Stufe anfallenden Arbeitstätigkeiten wurden von Lohnarbeitern ausgeführt. Die anderen zur Herstellung des Produkts erforderlichen Arbeiten blieben in den Händen von selbstständigen Handwerksmeistern oder Hausgewerbetreibenden. Natürlich befanden sich diese Produzenten in einer Abhängigkeit vom Finalisten, die einem Lohnverhältnis nahezu gleichkam.

Das dritte Kennzeichen für die in Thüringen in Gang gekommene Industrialisierung war die Substitution der Hand- durch die Maschinenarbeit in einzelnen Unternehmen. Die dazu benutzten Maschinen stammten entweder direkt aus England oder waren solche, die man dem englischen Vorbild nachgebaut hatte. Dieser Technisierungsprozess blieb bis in die Fünfzigerjahre hinein noch unbedeutend. Er ließ aber auch im Thüringischen die ersten Fabriken als neuartige produktionsorganisatorische Form entstehen.

Die unternehmensstrukturellen Veränderungen hatten eine soziale Komponente. Mit der Zunahme der gewerblichen Großproduktion und insbesondere mit dem Aufkommen des Fabrikbetriebes war eine soziale Differenzierung der Produzentenschaft einhergegangen. Die Anzahl der selbstständigen Handwerker und der Hausgewerbetreibenden, die von großgewerblichen Unternehmern abhängig wurde, nahm zu. Gleichzeitig vergrößerte sich in nahezu allen Gewerbezweigen allmählich die Lohnarbeiterschaft, die sich aus Handwerksmeistern, die ihre Selbstständigkeit verloren hatten, aus Handwerksgesellen, vor allem aber aus der ländlichen Bevölkerung oder aus der städtischen Armut rekrutierten.

Die Grundstruktur der gewerblichen Wirtschaft veränderte sich nur geringfügig. Die Gewerbetreibenden reagierten im Allgemeinen kreativ auf die wechselnden Anforderungen des Marktes. Dabei waren sie allerdings, wie das Beispiel des Leinengewerbes zeigte, von der Umsicht der Kaufleute abhängig, denn von ihnen erfuhren sie zumeist, was auf den überregionalen Märkten absetzbar war. In dem Maße, wie sich die Gewerbetreibenden auf diese Nachfrage einstellten, gelang es ihnen, ihre Existenz zu sichern. Unter den einheimischen Produzenten gab es aber auch eine bemerkenswerte Anzahl, die mit den von ihnen entwickelten Produkten erst eine Nachfrage auslösten. Nur einige wenige Gewerbezweige vermochten sich nicht zu behaupten.

Das quantitative Verhältnis zwischen Landwirtschaft und Gewerbe veränderte sich in den betrachteten Jahrzehnten nur unwesentlich zu Gunsten des Gewerbes.

Zweites Kapitel

Die Entfaltung des Industrialisierungsprozesses

5. Die politischen und wirtschaftlichen Rahmenbedingungen für die gewerbliche Wirtschaft in den Staaten und preußischen Gebieten Thüringens

Die thüringischen Staaten im Deutschen Reich von 1871

Nach dem Scheitern der revolutionären Bewegung in Deutschland am Ausgang der Vierzigerjahre des 19. Jahrhunderts waren die im Deutschen Bund zusammengeschlossenen Staaten bestrebt, die den Herrscherhäusern und Regierungen abgerungenen politischen Zugeständnisse wieder rückgängig zu machen oder zumindest zu ihren Gunsten zu relativieren. Sie folgten dabei den Beschlüssen des Bundesrates. Dementsprechend gestalteten die thüringischen Staaten ihre Innenpolitik. In den Verfassungen der Staaten wurden die Elemente einer konstitutionellen Monarchie stärker betont. Die Landesherren behielten sich das Recht vor, die Regierungen einzusetzen, die Landtage einzuberufen oder aufzulösen. Sie erklärten sich für die politischen und juristischen Instanzen nicht zuständig. Den Landtagen wurden größere Befugnisse eingeräumt, das Landtagswahlrecht aber so gestaltet, dass die Zusammensetzung der Volksvertretungen die konservativen Intensionen der Herrscherhäuser nicht ernsthaft gefährden konnten. Darum dominierten in den neugewählten Landtagen gemäßigt-liberale und liberal-konservative Abgeordnete, die an der Schaffung günstiger Bedingungen für die wirtschaftliche Entwicklung in ihren Staaten interessiert waren, ohne den Konflikt mit den Landesherren und Regierungen zu riskieren.

Im Großherzogtum Sachsen-Weimar-Eisenach wurde das Staatsgrundgesetz am 15. Oktober 1850 in diesem Sinne revidiert. Die Herzogtümer Sachsen-Coburg und Gotha veränderten am 3. Mai 1852 das Staatsgrundgesetz. Das Fürstentum Reuß älterer Linie erhielt erst am 28. März 1867 im Zusammenhang mit seinem Beitritt zum Norddeutschen Bund eine zeitgemäßere Verfassung.

Die Landesherren legten auf die Korrektur der in den Revolutionsmonaten entstandenen Domänengesetze besonderes Gewicht, denn 1848/49 waren die Domänen in Staatseigentum übergegangen. Sie erreichten, dass ihnen zumindest ein Teil des Domänenguts zur persönlichen Verwendung verblieb. In Sachsen-Weimar-Eisenach regelte man dieses Problem derart, dass der Staat das Domänenvermögen verwaltete und der Großherzog eine Domänenrente bezog, mit der er die Hofhaltung und die Kunsteinrichtungen finanzieren konnte. Der Landtag hatte ein Mitspracherecht bei der Festlegung der Rentenhöhe. 1873 betrug diese Rente 34,3 Prozent des Domänenvermögens. In den schwarzburgischen Fürstentümern war das Kammergut wieder Eigentum der beiden Fürstenhäuser geworden, das der Staat verwaltete und aus dem die Kammeralrente floss.

Seit den Fünfzigerjahren wurde in den thüringischen Staaten die staatliche Verwaltung weiter ausgebaut. Dabei bildeten sich zentrale Ministerien heraus, denen ein Staatsminister vorstand, der sich auf verantwortliche Ressortleiter stützte. Innerhalb der Behörden kam es zu einer Trennung von Verwaltung und Justiz. Da die verwaltungstechnische und juristische Kompetenz bei der entstehenden Ministerialbürokratie lag, trat der reale Einfluss der Herrscherhäuser auf das

Geschehen in ihren Staaten allmählich zurück. Die staatlichen Verwaltungen selbst erhielten durch ihre Beamtenschaft sowie durch das Staats- und Verwaltungsrecht ein eigenes Gewicht.

Ende der Fünfzigerjahre wuchs die Unzufriedenheit in der deutschen Gesellschaft über den Deutschen Bund, der nicht nur wegen seiner reaktionären Politik unbeliebt war, sondern sich vor allem außer Stande zeigte, die auf den verschiedenen Gebieten erforderlichen Reformen in die Wege zu leiten. Die ökonomischen Fortschritte, die insbesondere in den norddeutschen Ländern im Laufe dieses Jahrzehnts entstanden waren, erzeugten einen Veränderungsdruck, der sich in einem wachsenden Einheitsstreben äußerte.

Die beiden Rivalen um die Vorherrschaft im Deutschen Bund, Österreich und Preußen, zeigten eine unterschiedliche Bereitschaft, die anstehenden Reformen zu unterstützen oder gar in Angriff zu nehmen. In der Habsburger Monarchie bestand in den herrschenden Kreisen wenig Neigung, das Bestehende in Frage zu stellen, weil jede Veränderung die gegebenen inneren Strukturen in diesem Reich bedrohen konnte. Die Schaffung eines einheitlichen deutschen Nationalstaates lag ohnehin nicht in ihrem Interesse. In Preußen hingegen gab es starke Kräfte, die darauf hinwirkten, diesen Staat zum Kristallisationskern eines einheitlichen Deutschlands zu machen. Sie fanden bei nennenswerten Teilen der Bevölkerung in den anderen Teilen Deutschlands Unterstützung. Die an grundlegenden Reformen im Deutschen Bund Interessierten nahmen in Kauf, dass eine Einigung ohne Österreich erfolgen könnte. Es war der seit 1862 amtierende preußische Ministerpräsident Otto von Bismarck, der es verstand, die objektiven Interessen seines Herrscherhauses und Staates mit den Absichten breiter Kreise in Deutschland in Übereinstimmung zu bringen. Seine umsichtige Politik führte schließlich dazu, dass Österreich seinen Einfluss im Deutschen Bund verlor und aus dem Reichsverband ausschied.

Die seit den späten Fünfzigerjahren im Deutschen Bund entstandene politische Konstellation verlangte von den Herrscherhäusern, den Regierungen und der Gesellschaft in den thüringischen Staaten die Entscheidung, welche Partei sie in dem schärfer werdenden Dualismus zwischen Österreich und Preußen ergreifen sollen. Sachsen-Coburg und Gotha, Sachsen-Altenburg, Schwarzburg-Sondershausen nahmen eine propreußische Haltung ein. Sachsen-Meiningen und Reuß älterer Linie machten aus ihrer Sympathie für Habsburg keinen Hehl. Sachsen-Weimar-Eisenach, Schwarzburg-Rudolstadt und Reuß jüngerer Linie verhielten sich zunächst neutral. Die liberal orientierten Gesellschaftsschichten in den thüringischen Staaten setzten ihre Hoffnung auf Preußen, weil sie von diesem Staat Impulse für die Entfaltung marktwirtschaftlicher Verhältnisse erwarten konnten. Dies ließen die durchaus vorhanden Bedenken über die konservativen Züge im preußischen Staatswesen zurücktreten.

1866 wirkten die politischen Akteure in Berlin und Wien auf eine militärische Entscheidung im innerdeutschen Konflikt hin. Auf Antrag Österreichs und Bayerns mobilisierte der Bundestag das Bundesheer gegen Preußen. Das veranlasste Preußen zu der Erklärung, dass der Deutsche Bundestag aufgelöst sei. Der Krieg zwischen Österreich und deren Verbündete einerseits und Preußen auf der anderen Seite, der vom 15. Juni bis zum 26. Juli 1866 währte, endete mit dem Sieg der preußischen Truppen. Die Kriegsparteien schlossen am 23. August 1866 in Prag einen Friedensvertrag, in dem der Kaiser von Österreich die Auflösung des Deutschen Bundes anerkannte und einer Neugestaltung Deutschlands, das der preußische König nördlich der Mainlinie begründen werde, ohne österreichische Beteiligung zustimmte.

Im Ergebnis dieses militärischen Konflikts kam es zu kleineren Korrekturen des territorialstaatlichen Gefüges in Thüringen. Das Dorf Kaulsdorf bei Saalfeld, die Herrschaft Schmalkalden, eine Enklave des Kurfürstentums Hessen-Kassel und Altlöb bei Meiningen fielen an Preußen.

Am 18. August 1866 schloss Preußen auch mit den thüringischen Staaten Bündnisverträge. Die thüringischen Staaten wurden Ende 1866 in den Norddeutschen Bund aufgenommen. Sie hatten nach dem Muster des Wahlgesetzes vom 12. April 1849 Gesetze zur Wahl von Abgeordneten für den Reichstag erlassen. Der neugewählte Reichstag beriet den Entwurf einer Verfassung des Norddeutschen Bundes, der am 16. April 1867 von diesem Gremium beschlossen wurde. Am 1. Juli 1867 trat diese Verfassung in Kraft.

Der Norddeutsche Bund war ein Bundesstaat, dessen oberstes Organ der Norddeutsche Bundesrat bildete, in dem die verbündeten Regierungen präsent waren. Der Norddeutsche Reichstag vertrat die Bevölkerung der Bundesstaaten. Im Bund präsidierte die preußische Krone. Die Einrichtungen des Bundes wurden in kürzester Frist geschaffen. Das betraf vor allem den Aufbau des Bundeskanzleramtes. Unter Leitung Bismarcks und mit tatkräftiger Unterstützung der liberalen Kräfte im Reichstag entstanden die Institutionen und Gesetze, die erforderlich waren, um eine Rechts-, Gesellschafts- und Wirtschaftsreform im Bundesgebiet in Gang zu setzen. Obgleich beide Seiten dabei unterschiedliche Aspekte im Auge hatten - der preußische Ministerpräsident wollte im Interesse des Konservatismus die unerlässlichen Veränderungen steuern und die Liberalen hofften mit Hilfe der Reformen den Konservatismus zu überwinden - war das Resultat eine modernisierte Gesellschaft, die eine starke Ausstrahlung auf Süddeutschland hatte.

Innerhalb des Norddeutschen Bundes vollzog sich eine Vereinheitlichung der Rechtsordnung. Das Freizügigkeitsgesetz vom 1. November 1867 gestattete die Freizügigkeit - von nun an ein allgemeines Grundrecht - der Bürger innerhalb des Bundesgebietes. Die Maß- und Gewichtsordnung vom 17. August 1867 beseitigte die bislang in den Bundesstaaten geltenden unterschiedlichen Maße und Gewichte. Seit dem 1. Januar 1870 bildete der Meter die Maß- und der Zentner die Gewichtseinheit. Ein liberales Handelsrecht bekräftigte seit dem 5. Juni 1869 die Gewerbefreiheit. Am 11. Juni 1870 wurde das Gesetz über die Aktiengesellschaften erlassen, das die restriktive Politik der Staaten gegenüber dieser modernen Form der Kapitalmobilisierung für wirtschaftliche Zwecke beendete. Es entfielen die für die Gründung derartiger Gesellschaften unerlässlichen staatlichen Konzessionen.

Die thüringischen Staaten gaben mit ihrer Zustimmung zur Verfassung des Norddeutschen Bundes wesentliche Souveränitätsrechte auf. Das betraf insbesondere die Außen- und Militärpolitik. Sie behielten Kompetenzen auf dem Steuergebiet, bei der Wirtschaftsförderung, im Kommunalwesen, in der Volksbildung und im kulturellen Bereich.

Mit der Gründung des Deutschen Reiches wurde die innerhalb des Norddeutschen Bundes geschaffene Ordnung auf Süddeutschland übertragen. Nach 1871 bestimmte die Gesamtentwicklung im Deutschen Reich die politischen Vorgänge in den thüringischen Staaten. Die regionalen Besonderheiten traten immer stärker in den Hintergrund.

Zur Wirtschaftsentwicklung in Deutschland

Nach der Gründung des Norddeutschen Bundes und des Deutschen Reiches setzte sich die Umgestaltung von der Agrar- zur Industriegesellschaft fort. Sie war am Beginn des ersten Weltkrieges weitgehend abgeschlossen.

Die deutsche Volkswirtschaft entwickelte sich zwischen 1850 und 1913 in einem unterschiedlichen Tempo. Folgt man den Berechnungen von Walther G. Hoffmann, dann stieg zwischen 1850 und 1913 die Wertschöpfung um 413 Prozent an.

In einzelnen Jahrzehnten gab es immer wieder Jahre, in denen das Wachstum ausblieb oder die Wertschöpfung unter dem Vorjahresstand lag. Es soll nur auf die Krisen in den Siebziger- und Achtzigerjahren verwiesen werden.

Mit dem Wachstum der deutschen Volkswirtschaft ging ihr struktureller Wandel einher, der vor allem in dem veränderten Verhältnis zwischen Land-, Forst und Fischereiwirtschaft einerseits und gewerblicher Wirtschaft andererseits zum Ausdruck kam. 1850 trugen die Land-, Forst- und Fischereiwirtschaft zu 46,5 Prozent und die gewerbliche Wirtschaft - Bergbau, Salinenwesen, Industrie und Handwerk zusammengenommen - zu 20,7 Prozent zur volkswirtschaftlichen Wertschöpfung bei. 1913 lag der Beitrag der Land-, Forst- und Fischereiwirtschaft bei 23,3 Prozent und der gewerblichen Wirtschaft bei 45 Prozent.

Dieser Strukturwandel wird auch in der Beschäftigtenbewegung in beiden Wirtschaftsbereichen deutlich. Von den Beschäftigten in beiden Wirtschaftszweigen entfielen 1849 70,4 Prozent auf die Landwirtschaft und 29,6 Prozent auf die gewerbliche Wirtschaft. 1904 beschäftigte die gewerbliche Wirtschaft ebenso viele Arbeitskräfte wie die Landwirtschaft. Bis 1913 hatte sich das Verhältnis weiter zu Gunsten der gewerblichen Wirtschaft verändert, denn nun lag der Anteil der Beschäftigten in der gewerblichen Wirtschaft bei 52,3 und der Landwirtschaft bei 47,7 Prozent.

Die Veränderungen in der gewerblichen Wirtschaft, deren Konturen sich in der ersten Hälfte des 19. Jahrhundert schon abgezeichnet hatten, gewannen nach der Revolution von 1848/49 eine größere Dynamik. Im städtischen Handwerk beschleunigte sich der strukturelle Wandel. Die Technisierung der traditionellen Gewerbezweige machte nun außerordentliche Fortschritte. Von ausschlaggebender Bedeutung aber war das Aufkommen der Industriezweige, die das Entstehen einer modernen Industrie- und Wirtschaftsstruktur in Deutschland ermöglichten. In welchem Maße die innovationsträchtigen Zweige das industrielle Wachstum mitbestimmten, lassen die Angaben über die Zunahme der

Beschäftigten dieser Zweige zwischen 1875 und 1913 erkennen. Während die Anzahl der Beschäftigten im Textilgewerbe lediglich um 18,9 Prozent anwuchs, nahm die der chemischen Industrie um 214 Prozent, der Metall erzeugenden Industrie um 295 und der Metall verarbeitenden Industrie um 214 Prozent zu. Das größte Beschäftigungswachstum verzeichnete in den genannten Jahren der Bereich Wasser, Gas und Elektroenergie mit 540 Prozent. Die Gesamtbeschäftigtenzahl in der gewerblichen Wirtschaft vergrößerte sich um 110 Prozent. Der Strukturwandel in der gewerblichen Wirtschaft wurde durch eine Reihe von Faktoren begünstigt. Deutschland verfügte über reichliche Steinkohlenvorkommen, dem hauptsächlichsten Primärenergieträger dieser Zeit. Das Bankkapital war in der Lage und bereit, die für den Aufbau der innovationsträchtigen Industriezweige erforderlichen Investitionsmittel einzusetzen. Ein relativ leistungsfähiges allgemeines Bildungswesen und ein gut gestaltetes technisches Bildungssystem trugen maßgeblich dazu bei, dass eine intellektuell rege und flexibel einsetzbare Erwerbsbevölkerung vorhanden war, auf die sich die strukturellen Veränderungen gründen ließen. Von besonderem Gewicht war das hohe Niveau der naturwissenschaftlichen Grundlagenforschung und der angewandten Naturwissenschaften.

Seit Mitte der Fünfzigerjahre wuchs die deutsche Volkswirtschaft in die entstehende Weltwirtschaft hinein.

In den skizzierten wirtschaftlichen Vorgängen spiegelte sich auch der Aufschwung und der weitere strukturelle Wandel der Wirtschaft in den Staaten und preußischen Gebieten Thüringens wider. Dieser Aufschwung und Wandel wurde von einigen Bedingungen begünstigt und gefördert, auf die im Folgenden etwas näher einzugehen ist. Dazu gehörten das Anwachsen der Erwerbsbevölkerung, deren zunehmendes Bildungsniveau, die Umgestaltungsprozesse in der Landwirtschaft und die Revolutionierung des Verkehrswesens.

6. Das Wachstum der Erwerbsbevölkerung und das allgemeine Bildungswesen

Nach den territorialen Veränderungen im Gefolge des Krieges von 1866 umfassten die Staaten und der preußische Teil Thüringens ein Gebiet von 16.135 km^2. Davon entfielen auf das Großherzogtum Sachsen-Weimar-Eisenach 22 Prozent, das Herzogtum Sachsen-Meiningen 15 Prozent, die Herzogtümer Sachsen-Coburg und Gotha 13 Prozent, das Herzogtum Sachsen-Altenburg acht Prozent, das Fürstentum Schwarzburg-Sondershausen fünf Prozent, das Fürstentum Schwarzburg-Rudolstadt sechs Prozent, das Fürstentum Reuß ältere Linie zwei Prozent, das Fürstentum Reuß jüngere Linie fünf Prozent und auf das Königreich Preußen 24 Prozent.

Die natürliche Bevölkerungsentwicklung und die Wanderbewegungen bildeten die Grundlage für die Erwerbsbevölkerung, die die Menschen im erwerbsfähigen Alter umfasste. In der ersten Hälfte des 19. Jahrhunderts galten Menschen im Alter von zehn bis 70 Jahren für arbeitsfähig. Mit der Durchsetzung der allgemeinen Schulpflicht wurde es formal erst möglich, Jugendliche im Alter von 14 Jahren ins Arbeitsleben einzugliedern. Vielfach ließen es die Lebensumstände in den Familien, vornehmlich auf dem Lande, nicht zu, auf den Beitrag von Minderjährigen zur Einkommensvermehrung zu verzichten, sodass Kinder auch in der zweiten Hälfte des 19. Jahrhunderts noch immer zur Erwerbsbevölkerung gerechnet werden müssen.

Das Bevölkerungswachstum verlief in den Staaten und preußischen Gebieten Thüringens zwischen 1834 und 1910 sehr verhalten. 1834 lebten in dieser Region 1.172.375 und 1910 2.160.692 Einwohner. Die Zunahme der Einwohnerschaft um 84 Prozent ergab sich im Wesentlichen aus dem Geburtenüberschuss. Verbesserte Ernährung und Hygiene, Fortschritte in der gesundheitlichen Betreuung, aber auch die Eindämmung militärischer Konflikte ließen die Lebenserwartung der Bevölkerung steigen. Der Geburtenüberschuss war in den gewerblichen Zentren größer als in den ländlichen Gegenden.

Die Anzahl der Auswanderer blieb zwischen 1820 und 1850 relativ gering. Der dadurch verursachte Bevölkerungsverlust lag in Sachsen-Weimar-Eisenach, Sachsen-Altenburg, Schwarzburg-Sondershausen unter einem Prozent, in Schwarzburg-Rudolstadt bei zwei Prozent. In der ersten Hälfte der Fünfzigerjahre kam es zu einer größeren Auswanderungswelle, die aber bald wieder abklang, weil es den noch im merkantilen Denken verhafteten Regierungen gelang, dem Wegzug von Landeskindern entgegen zu wirken.

Das Bevölkerungswachstum verlief in den Staaten und preußischen Gebieten Thüringens sehr unterschiedlich. Überdurchschnittlich stark war es in den Fürstentümern Reuß älterer Linie mit 141 Prozent und Reuß jüngerer Linie mit 120 Prozent sowie in den Herzogtümern Sachsen-Coburg und Gotha und Sachsen-Meiningen mit 92 bzw. 90,5 Prozent. Etwas unter dem Durchschnitt lag das Bevölkerungswachstum mit 83 Prozent im Herzogtum Sachsen-Altenburg und mit 81 Prozent im Regierungsbezirk Erfurt. Am schwächsten war der Zuwachs in Schwarzburg-Rudolstadt mit 57 Prozent, in Schwarzburg-Sondershausen mit 66, Sachsen-Weimar-Eisenach mit 75 Prozent sowie im Kreis Schmalkalden mit 77 Prozent.

Die unterschiedliche Bevölkerungsbewegung in den thüringischen Staaten veränderte auch den Anteil, den die einzelnen Staaten an der Gesamtbevölkerung der Region hatten. Er erhöhte sich zwischen 1834 und 1910 in Sachsen-Meiningen von 12,5 auf 13 Prozent, in Sachsen-Coburg und Gotha von elf auf 19 Prozent, in Reuß älterer Linie von 2,6 auf 3,4 Prozent, in Reuß jüngerer Linie von sechs auf sieben Prozent. Dagegen ging er in dem genannten Zeitraum in Sachsen-Weimar-Eisenach von 20 auf 19 Prozent, in Schwarzburg-Sondershausen von fünf auf vier, in Schwarzburg-Rudolstadt von 5,5 auf 4,5 Prozent und im Regierungsbezirk Erfurt von 25 auf 24,6 Prozent zurück. Unverändert blieben die Anteile von Sachsen-Altenburg mit 10,5 bzw. zehn Prozent und des Kreises Schmalkalden mit jeweils zwei Prozent.

Neben dem Wachstum der Erwerbsbevölkerung spielte die intellektuelle Vorbereitung der heranwachsenden Generationen auf die verschiedenen und wechselnden Anforderungen im Berufsleben für die wirtschaftliche Entwicklung eine große Rolle. Obgleich sich das Analphabetentum Mitte des 19. Jahrhunderts weitgehend verloren hatte, entsprach der allgemeine Bildungsstand der Thüringer längst nicht den Erfordernissen einer modernen Wirtschaft. Immerhin gab es im Regierungsbezirk Erfurt 1871 noch 12.942 lese- und schreibunkundige Personen. Die Analphabeten machten in diesem Teil Thüringens 2,5 Prozent der männlichen und 7 Prozent der weiblichen Einwohner über zehn Jahre aus.

Um der Erwerbsbevölkerung die nötige allgemeine Bildung zu vermitteln, waren im Schulwesen der Staaten und preußischen Gebiete Thüringens wesentliche Veränderungen erforderlich. Sie betrafen zunächst die Qualifizierung des Volksschulwesens selbst. Dabei ging es um die Durchsetzung der achtjährigen Schulpflicht, um die Anhebung des Unterrichtsniveaus und die gleichzeitige Veränderung in den Proportionen zwischen dem religiösen Wissen und dem Unterrichtsstoff, der für das Berufsleben ausschlaggebend war. Um eine zeitgemäße Schulbildung zu erreichen, wurde es unerlässlich, die Leitung des Schulwesens ausgebildeten und erfahrenen Pädagogen anzuvertrauen, eine motivierte Lehrerschaft heranzubilden, das quantitative Verhältnis zwischen Lehrern und Schülern durch den Einsatz einer größeren Anzahl von Lehrkräften zu verbessern, zweckmäßige Lehr- und Lernmittel einzusetzen und geeignete Unterrichtsräume zu schaffen.

Mitte des 19. Jahrhunderts war das Niveau der Volksschulen im Thüringischen sehr unterschiedlich. Einige Staaten, dazu gehörten Sachsen-Weimar-Eisenach und Sachsen-Meiningen, wiesen im Volksschulwesen größere Fortschritte auf. Unterschiede zeigten sich aber überall zwischen den städtischen und ländlichen Gemeinden. Sie resultierten sowohl aus den differenzierten Anforderungen, die Stadt und Land an die Volksschulen stellten, als auch aus den gegebenen finanziellen Möglichkeiten der Gemeinden, denn die Volksschulen mussten aus dem Gemeindeetat finanziert werden. Erst in der zweiten Hälfte des 19. Jahrhundert gingen die Staatsregierungen dazu über, Schulen in wirtschaftlich schwach entwickelten Ortschaften finanziell zu unterstützen.

Seit den Fünfzigerjahren begannen sich die Verhältnisse in den Volksschulen zu verbessern. Der achtjährige Schulbesuch wurde in den thüringischen Staaten allmählich zur Pflicht. Lediglich im Preußischen differierte die Schulzeit noch zwischen sechs und acht Jahren. In den höheren Schulverwaltungen der Staaten nahm der Einfluss ausgebildeter und erfahrener Pädagogen zu. In Sachsen-Meiningen hatte schon 1838 ein Pädagoge das Amt des Schulreferenten von einem Theologen übernommen und in Sachsen-Weimar-Eisenach löste ein Schulmann einen Theologen als Ministerialschulreferenten ab. Der Anteil des Religionsunterrichts ging zu Gunsten einer breiteren Allgemeinbildung zurück. In den höheren Klassen nahm die Vermittlung von Realien zu. Damit stellten sich die Volksschulen besser auf die Erfordernisse der gewerblichen Wirtschaft ein. Diese Feststellung lässt nicht darüber hinweg sehen, dass in der ersten Hälfte der Achtzigerjahre der Religionsunterricht noch 20 bis 40 Prozent der Unterrichtszeit in Anspruch nahm. Den Jungen wurde in den Volksschulen eine größere Aufmerksamkeit geschenkt als den Mädchen.

In der ersten Hälfte der Siebzigerjahre entstanden in den thüringischen Staaten neue Volksschulgesetze. Sachsen-Gotha erneuerte sein Volksschulgesetz von 1863 mit dem Gesetz vom 26. Juni 1872, das beispielgebend für die thüringischen Staaten war, und die Trennung von Staat und Kirche in der mittleren Schulbehörde einleitete. Sachsen-Meiningen folgte mit einem Gesetz am 23. März 1875, in dem das bisherige neunte Volksschuljahr abgeschafft wurde. In Sachsen-Coburg löste am 27. Oktober 1874 ein neues Volksschulgesetz das aus dem Jahre 1858 ab.

Für die Vorbereitung der jungen Generationen auf das Berufsleben spielten die weiterführenden Schulen eine wesentliche Rolle. Das betraf an erster Stelle die Fortbildungsschulen, die sich seit der Jahrhundertmitte aus den Sonntagsschulen herausbildeten. Sachsen-Weimar-Eisenach ging bei der Schaffung dieses Schultyps voran. Hier gab es seit Anfang der Vierzigerjahre derartige Schulen, die ab 1862 eine besondere Förderung erfuhren. Schwarzburg-Sondershausen gestattete seit 1852 den Gemeinden, in ihren Ortsstatuten die Einrichtung von Fortbildungsschulen zu regeln. 1870 führte Sachsen-Meiningen die zweijährige Fortbildungspflicht für Jungen ein. Zwei Jahre später folgte Sachsen-Gotha. In Sachsen-Coburg galt diese Regelung seit 1874. 1876 erließ man in diesem Herzogtum ein spezielles Gesetz zu den Fortbildungsschulen.

Die Fortbildungsschulen knüpften an die in der achtjährigen Volksschulzeit erworbenen Grundkenntnisse an und vermittelten das Wissen, das die Schüler befähigen sollte, eine gewerbliche Tätigkeit auszuüben. Der Unterricht wurde von Volksschullehrern in den Abendstunden und am Wochenende erteilt.

Die Gewerbeordnung des Norddeutschen Bundes räumte den Gemeinden das Recht ein, Fortbildungsschulen nach dem Ortsstatut einzurichten. Nach 1871 machten Sachsen-Weimar-Eisenach, Sachsen-Meiningen, Sachsen-Gotha und Schwarzburg-Sondershausen den männlichen Jugendlichen den Fortbildungsschulbesuch zur Pflicht und stellten den Gemeinden anheim, ob sie die Bedingungen auch für die Fortbildung von weiblichen Jugendlichen schaffen wollen. Die anderen Staaten überließen den Gemeinden die Einrichtung von Fortbildungsschulen. Die Einstellung der Gemeinden zu den Fortbildungsschulen war unterschiedlich. In den Gemeinden mit einem entwickelten Gewerbe war die Neigung, derartige Schulen zu unterhalten, stärker als in anderen ausgebildet.

Die besondere Aufmerksamkeit der Staaten galt den höheren Schulen. Mitte des 19. Jahrhunderts herrschten die Gymnasien mit dem traditionellen Ausbildungsprogramm vor. Aber in einem zunehmenden Maße gewannen die Real- und Oberrealschulen, die die mathematisch-naturwissenschaftlichen Fächer und die lebenden Fremdsprachen besonders pflegten, ein größeres Gewicht. Aus den Realschulen entwickelten sich mit der Zeit die Realgymnasien. Da diese Schulen die Jugendlichen besser auf eine anspruchsvolle Tätigkeit in der gewerblichen Wirtschaft und im Dienstleistungssektor vorbereiteten, erfreuten sie sich einer zunehmenden Beliebtheit. In Gera wurde 1867 die erste Handelsrealschule eröffnet. Es waren vor allem die weitsichtigen und vermögenden Handwerker, die Unternehmer und Kaufleute, die ihre Kinder diesen Lehranstalten anvertrauten. Am Ausgang des 19. Jahrhunderts bestanden im Thüringischen 28 staatliche und zwei städtische Schulen, die ihre Schüler bis zur Hochschulreife führten, sowie acht Real- und drei Oberrealschulen.

7. Die Agrarreform und ihre Bedeutung für die gewerbliche Entwicklung

Das Tempo der gewerblichen Entwicklung in den Staaten und preußischen Gebieten Thüringens wurde von der Beseitigung der Überreste der grundherrlichen Ordnung auf dem Lande mit bestimmt.

Im Erfurter Gebiet und im Eichsfeld hatten die Franzosen zwischen 1807 und 1809 die Fronen und die Erbgerichtsbarkeit entschädigungslos aufgehoben und den Bauern ermöglicht, Abgaben und Lehngeld abzulösen. Nach dem Abzug der französischen Besatzungstruppen beließen es die preußischen Behörden bei den inzwischen eingetretenen Veränderungen. Seit 1819 galt dann die preußische Ablösegesetzgebung, die die Aufhebung der gerichtsherrlichen Dienste verfügte, und die Ablösung aller Reallasten erlaubte. Als erster thüringischer Staat nahm Sachsen-Weimar-Eisenach 1821 die Agrarreform in Angriff. Er hob im Neustädter Kreis die Pflicht der Bauern auf, ihre Kinder unentgeltlich beim Grundherren arbeiten zu lassen. Gleichzeitig durften die Bauern im gesamten Land Hand- und Spanndienste ablösen. Später folgten Gesetze, die den Erwerb von Grund und Boden zuließen bzw. erleichterten. Aber noch immer blieben im Großherzogtum Erbzins und Trift- und Weiderecht bestehen. In den dreißiger und Vierzigerjahren schlugen auch andere thüringische Staaten den Reformweg ein. Die Herzogtümer Sachsen-Coburg und Gotha sowie die schwarzburgischen Fürstentümer beugten sich im Gefolge der revolutionären Ereignisse von 1848/49 der Einsicht, dass sie ihrer Bauernschaft die feudalen Lasten nehmen müssen. Reuß älterer Linie entschloss sich erst 1853 zu einem solchen Schritt.

Im Mittelpunkt der Agrarreformen stand die Beseitigung der feudalen Belastungen der Bauern durch eine finanzielle Entschädigung der Grundherren für die ihnen daraus erwachsenden Einnahmeverluste. Die thüringischen Staaten vermieden, dass die Bauern Land an die Grundherren abtreten mussten, um sich aus den feudalen Bindungen zu befreien. Die Ablösung erfolgte durch die Zahlung einer nach bestimmten Vorgaben fixierten Geldsumme an die Grundherren. In der Regel wurde der Jahreswert der Fronleistung mit dem 12fachen kapitalisiert.

Sachsen-Coburg und Gotha hob die Fronverpflichtungen entschädigungslos auf. Abgaben wurden in den thüringischen Staaten mit dem 15-20fachen des Jahreswertes bewertet. Bei der Ablösung von Lehngeld unterstellte man zumeist einen zwei- bis dreimaligen Besitzerwechsel oder einen Erbfall pro Jahrhundert und nahm das Ermittelte als Berechnungsgrundlage der Abfindung. Weiderechte und die zumeist damit verbundene Triftgerechtigkeit der Grundherren auf dem bäuerlichen Weide- und Waldland konnten ebenfalls abgelöst werden. Die Grundstücke wurden in den thüringischen Staaten unterschiedlich bewertet. In diesen Fällen war eine Ablösung mit Land aus der Gemeinheit erlaubt. Anfangs blieb es einer freiwilligen Übereinkunft der Kontrahenten überlassen, wer von ihnen einen Ablösungsantrag an die staatliche Ablösekommission stellte. Da aber das Interesse der Grundherren und der Bauern an der Einleitung eines Ablöseverfahrens unterschiedlich war, kam dieser Teil des Reformprozesses nicht voran. Deshalb gingen einige Staaten dazu über, ein entschädigungsloses Erlöschen der Reallasten anzudrohen, wenn innerhalb einer gesetzten Frist das Ablöseverfahren nicht eingeleitet worden war.

Die Struktur der bäuerlichen Wirtschaften war freilich nicht derart, dass die vereinbarten Ablösungssummen ohne weiteres aufgebracht werden konnten. Um den Bauern das Ablöseverfahren zu erleichtern, richteten die Staaten Kreditanstalten ein, die den verpflichteten Landwirten das nötige Ablösekapital zu günstigen Konditionen - niedriger Zinssatz und längerfristige Tilgungszeit - zur Verfügung stellten. Die Kreditanstalten erleichterten den Ablösungsprozess.

Ende der Sechzigerjahre war dieser Teil der Agrarreform in den thüringischen Staaten weitgehend abgeschlossen. Die Tilgung der aufgenommenen Kredite und die Rentenzahlungen zogen sich freilich bis ins 20. Jahrhundert hinein. So hatten im Herzogtum Sachsen-Gotha 12.841 verpflichtete Bauern bis 1869 insgesamt 1,6 Millionen Taler aufzubringen. Das waren im Durchschnitt 126 Taler pro Agrarbetrieb.

Das zweite Element der Agrarreform bestand in der Gemeinheitsteilung. Anfang des 19. Jahrhunderts wurde die Allmende, das gemeinschaftliche Eigentum der Dorfgemeinden an Weideland, Wald und Gewässern, von den Bewohnern noch gemeinsam genutzt. 1809 verordnete das Herzogtum Sachsen-Coburg-Saalfeld die Aufteilung der Allmende und hob zugleich die Weidegerechtigkeit auf. Damit suchte man dem Streben nach einer individuellen Nutzung des Landes entgegenzukommen und der mangelhaften Kultivierung dieser Flächen entgegen zu wirken. 1832 erließ das Herzogtum Sachsen-Gotha eine Verordnung, die in die gleiche Richtung zielte. Die anderen thüringischen Staaten griffen erst mit den Ablösegesetzen in das System der Gemeinheiten ein. Die Voraussetzung für die Auflösung des gemeinschaftlichen Eigentums war eine mehrheitliche Zustimmung der Gemeindemitglieder, die an diesem Eigentum partizipierten. Staatliche Kommissionen nahmen auf diesen Prozess Einfluss. Bei der Aufteilung von Waldflächen waren Interessen einer forstwirtschaftlichen Nutzung zu beachten. Die Dorfbewohner, die keine bäuerliche Wirtschaft betrieben, aber die Gemeinheitsflächen mit nutzten, um ihr Vieh zu ernähren, verloren durch diese Aktion einen wesentlichen Teil ihres Lebensunterhaltes.

Die Aufgabe der Allmende wurde zu einer starken Triebfeder für die Einführung neuer Betriebssysteme in der thüringischen Landwirtschaft und korrespondierte mit dem dritten Element der Agrarreform, der Flurbereinigung. Durch Gesetze wurden die Landwirte seit den Fünfzigerjahren dazu angehalten, Feldstücke zu größeren Einheiten zusammenzulegen. Da dies eine Neuaufteilung der Feldfluren zur Folge hatte, bestimmten die einschlägigen Gesetze in Sachsen-Weimar-Eisenach, Sachsen-Meiningen und Reuß jüngere Linie, dass dem Antrag interessierter Bauern stattzugeben sei, wenn mehr als die Hälfte der Bauern für eine Flurbereinigung votierten. In Sachsen-Altenburg begnügte man sich mit einem Drittel, in Sachsen-Coburg und Gotha mit einem Viertel der Stimmen. Der Stimmenanteil der einzelnen Bauern ergab sich aus der Anzahl und Größe ihrer Flurstücke.

Im Ergebnis der Flurbereinigung entstanden größere und zusammenhängende Flurstücke, die sich in einer günstigen Lage zu den Wirtschaftswegen befanden. Bei der Neuverteilung der Flächen wurde nicht nur darauf geachtet, dass jeder Bauer die ursprüngliche Gesamtfläche behielt, sondern dass auch die Bodenqualität adäquat war. Die Dimension dieser Aktion wird deutlich, wenn man bedenkt, dass es Ortschaften gab, in denen 7.000 Parzellen zu 400 Parzellen zusammengelegt werden mussten. Im Anschluss an die Zusammenlegung der Flurstücke wurden die Anlage neuer Wirtschaftswege und umfangreiche Meliorationsarbeiten erforderlich. Oftmals wurde in diesem Zusammenhang das Ödland kultiviert. Die Flurbereinigung und die damit verbundenen Folgearbeiten waren kostspielig. Darum erstreckte sie sich über einen langen Zeitraum. Zügig verlief dieser Prozess in den preußischen Gebieten, in Sachsen-Gotha und in Ostthüringen. Hier kam er Ende der Sechzigerjahre zum Abschluss. Langwieriger gestaltete er sich im mittleren und westlichen Teil des Großherzogtums Sachsen-Weimar-Eisenach, in Sachsen-Meiningen und in den schwarzburgischen Fürstentümern. In diesen Staaten wurden Spezialbehörden, die teilweise aus dem Preußischen kamen, eingesetzt, um die Zusammenlegungen voran zu bringen. Bis zur Jahrhundertwende konnte dieser Vorgang auch in diesen Staaten abgeschlossen werden. In Reuß ältere Linie verzichtete man auf eine Flurbereinigung.

1882, gegen Ende der Agrarreform, existierten in der thüringischen Region insgesamt 203.253 landwirtschaftliche Betriebe, davon 74 Prozent in den thüringischen Staaten und 26 Prozent im Regierungsbezirk Erfurt.

Mit den geschilderten Veränderungen wandelte sich die agrarische Betriebsweise. Die Bauern konnten nun ungehindert dazu übergehen, die Brache zu besömmern, denn sie waren nicht mehr dem Flurzwang unterworfen. Damit wurde der Weg für die Ablösung der traditionellen Dreifelderwirtschaft durch die Fruchtwechselfolge frei. An Stelle des bisherigen Fruchtfolgesystems - Brache - Sommergetreide - Wintergetreide - trat in der zweiten Hälfte des 19. Jahrhunderts der jährliche Wechsel von Halm- und Blattfrüchten. Den Anfang machten die von umsichtigen Landwirten geführten Großbetriebe. Die Masse der Bauern ging nur zögernd zu einer intensiven Landwirtschaft über.

Der zunehmende Anbau von Feldfutter ermöglichte die Stallhaltung von Rindern im Sommer, auch in den Gebieten mit einem geringen Anteil an natürlichem Grünland. Darüber hinaus bildete das Feldfutter eine bessere Grundlage für die Viehhaltung als die Weidewirtschaft.

Mit der wachsenden Viehhaltung nahm der Naturdüngeranfall in den landwirtschaftlichen Betrieben zu. Positiv wirkten sich die verbesserten Konservierungsmethoden des Naturdüngers aus. Seit Anfang der Siebzigerjahren setzten Landwirte stickstoffhaltige Düngemittel ein, die sie später durch Phosphordünger ergänzten. In den Neunzigerjahren war die Verwendung von Handelsdünger allgemein verbreitet.

Mit der veränderten landwirtschaftlichen Betriebsweise ging in den leistungsstarken Betrieben der Einsatz von landwirtschaftlichen Maschinen einher. Zunächst nutzten sie vornehmlich Dampfdreschmaschinen, Drillmaschinen und Grasmäher. 1882 wurden in der thüringischen Landwirtschaft 4.263 Sämaschinen, 976 Mähmaschinen, 2.375 Dampfdreschmaschinen und 7.308 andere Dreschmaschinen sowie 36 Dampfpflüge und 62 Lokomobile gezählt. Allerdings waren nur sechs Prozent der Betriebe finanziell in der Lage, Maschinen zu erwerben. Bis zur Jahrhundertwende arbeiteten dann auch mittelbäuerliche Wirtschaften mit Drillmaschinen, Handdreschmaschinen und vielfach schon mit Getreidemähmaschinen.

Wachsende Erträge im Feldbau erlaubten eine erweiterte Tierhaltung. Die Landwirte bevorzugten nun stärker die Rinder- und Schweinehaltung, die Schafhaltung verlor demgegenüber ihre bisherige Bedeutung. Bemerkenswerte Fortschritte konnten in der Viehzucht konstatiert werden. Durch Rasseveredlung und wissenschaftlich begründete Fütterung leisteten thüringische Landwirte einen besonderen Beitrag zur Rinder- und Schweinezucht. Zuchterfolge erzielten die großen Güter, vornehmlich die Pächter von Staatsgütern. Die Ergebnisse zeigten sich in wachsenden Viehbeständen, im zunehmenden Gewicht der Tiere und in einer besseren Qualität des Rind- und Schweinefleisches. So erhöhte sich in Sachsen-Weimar-Eisenach zwischen 1883 und 1893 die Anzahl der Rinder um acht Prozent. Das geschätzte durchschnittliche Lebendgewicht der Tiere nahm um 40 Prozent zu.

In der Forstwirtschaft, einer der wesentlichen Grundlagen der gewerblichen Wirtschaft in der thüringischen Region, vollzogen sich im Verlaufe des 19. Jahrhunderts ebenfalls wesentliche Veränderungen. Sie betrafen den Ausbau einer gut arbeitenden Forstverwaltung, die für eine ordnungsgemäße und weitplanende Pflege der Bestände sorgte, und die Umgestaltung des Waldes. Durch forstwirtschaftliche Maßnahmen erhielten die Waldungen eine neue Struktur. Der Anfang des Jahrhunderts noch verbreitete minderwertige Mittelwald wurde in Sachsen-Weimar-Eisenach in einen ertragreichen Laubhochwald verwandelt und in ungünstigen Lagen durch den Nadelhochwald ersetzt. In Sachsen-Meiningen, im Herzogtum Sachsen-Gotha sowie in der Oberherrschaft der schwarzburgischen Fürstentümer gab man aus wirtschaftlichen Gründen dem Nadelhochwald den Vorzug. 1883 belief sich die thüringische Forstfläche, ohne den Kreis Schmalkalden, auf 486.048 ha, das waren 31 Prozent der Gesamtfläche des bezeichneten Gebietes.

Die Eigentumsstruktur der Forsten war durch einen hohen Anteil der Staats- und Domänenforsten gekennzeichnet, der sich auf 47 Prozent belief. In Privathand befanden sich 29 Prozent der Waldfläche. Die Gemeinden verfügten über 16 Prozent und die Genossenschaften und Stiftungen über die restlichen acht Prozent.

Bis 1914 nahm die Anpflanzung von Nadelhölzern, vornehmlich Fichten, zu. Diesem Trend folgte nun verstärkt auch die Forstverwaltung in Sachsen-Weimar-Eisenach. Durch Rationalisierungsmaßnahmen wurden in den Staats- und Domänenforsten größere wirtschaftliche Fortschritte erzielt als in den anderen Forsten. Das veranlasste die Staaten am Ende des 19. Jahrhunderts die Waldungen der Gemeinden, Genossenschaften und Stiftungen unter behördliche Aufsicht zu stellen.

Die Veränderungen in der thüringischen Land- und Forstwirtschaft standen in einem unmittelbaren Zusammenhang zur gewerblichen Entwicklung. Die Aufhebung der feudalen Verhältnisse ließ es zu, dass der Grund und Boden seine Bindung an die landwirtschaftliche Nutzung verlor. Die Landwirte konnten ihn nun an Interessierte, die ihn nicht mehr landwirtschaftlich nutzen wollten, verkaufen. Das erleichterte es den Gewerbetreibenden, ihre Fabrikationsstätten im ländlichen Raum anzusiedeln und den städtischen Gemeinden, ihr Territorium zu erweitern.

Die Notwendigkeit, die Ablösesummen aufzubringen und die Möglichkeit, fortan frei von Verpflichtungen gegenüber dem Grundherren wirtschaften zu können, stimulierte die Landwirte, die Erträge ihrer Arbeit zu verbessern. Die damit einhergehende Produktionssteigerung schlug sich sowohl in einem größeren Angebot an Nahrungsmitteln und an gewerblichen Rohstoffen als auch in einer besseren Qualität der Agrarerzeugnisse nieder. Die zunehmende Produktivität der leistungsstarken landwirtschaftlichen Betriebe ermöglichte, auf Arbeitskräfte zu verzichten. Die steigende Nachfrage nach gewerblichen Arbeitskräften regte die kleinen Landwirte und deren Familienangehörige dazu an, eine gewerbliche Beschäftigung zu suchen und die Landwirtschaft nur noch als Nebenerwerb weiter zu betreiben. Landwirtschaftliche Tagelöhner mit eigenem oder gepachteten Land und Landarbeiter wurden durch die besseren Verdienstmöglichkeiten und die günstigeren Arbeitsbedingungen veranlasst, die Landarbeit aufzugeben und sich in der gewerblichen Wirtschaft eine dauerhafte Existenz zu schaffen. Zwischen 1895 und 1907 nahm die Zahl der Landarbeiter um 21 Prozent ab.

8. Der Eisenbahnbau - eine grundlegende Voraussetzung für die Industrialisierung der Region

Wenngleich das relativ dichte Straßen- und Chausseenetz in den Staaten und preußischen Gebieten Thüringens in der ersten Hälfte des 19. Jahrhunderts weiter ausgebaut worden war, so genügte es den seit Mitte der Fünfzigerjahren wachsenden Ansprüchen der gewerblichen Wirtschaft nicht mehr. Die begrenzten Kapazitäten für den Massengütertransport, die geringe Geschwindigkeit der Güterbewegung und Informationsübermittlung hemmten die gewerbliche Entwicklung. Deshalb verwundert es nicht, dass unter den Gewerbetreibenden das Interesse an der Eisenbahn, dem neuartigen Transportsystem, das sich in England schon bewährt hatte, stetig wuchs.

Die in Deutschland seit den Dreißigerjahren geäußerten Pläne für ein Eisenbahnnetz und die ersten Eisenbahnlinien, die in der zweiten Hälfte der Dreißigerjahre in Deutschland entstanden, nährten auch bei den Thüringern die Hoffnung, dass ihnen in absehbarer Zeit dieses moderne Verkehrsmittel zur Verfügung stünde.

Der gebürtige Gothaer Joseph Meyer versuchte in den Vierzigerjahren, die ersten praktischen Voraussetzungen für den Eisenbahnbau in der thüringischen Region zu schaffen. Angeregt durch die Idee seines Freundes Friedrich List, eine Bayerisch-Hanseatische Bahn durch Mitteldeutschland zu führen, warb er 1836 für deren Realisierung. Das Vorhaben scheiterte am Einspruch des Königs von Hannover, der dem einfachen Volk nicht sein Privileg auf schnelles und bequemes Reisen gewähren wollte. Als es aber 1841 zu einem Staatsvertrag zwischen Preußen, Kurhessen, Sachsen-Weimar-Eisenach und Gotha über den künftigen Verlauf einer Eisenbahnlinie von Halle nach Kassel kam, der eine Zweigbahn von Eisenach nach Bamberg vorsah, erarbeitete Meyer einen Plan für ein Deutsches Central-Eisenbahn-Netz, mit dem er sich 1846 an die Öffentlichkeit wandte. Um die materiellen Grundlagen für dieses groß angelegte Projekt vor Ort zu schaffen, gründete Meyer Mitte der Vierzigerjahre die Deutsche Eisenbahn-Schienen-Compagnie. Er erwarb 1845 Eisenerzgruben in Schmiedefeld und ließ in Neuhaus-Schiernitz bei Sonneberg ein Hüttenwerk errichten, in dem Eisenbahnmaterial gefertigt werden sollte. Das Werk ging 1847/48 in Betrieb. Da sich die Erwartungen, die Meyer in den Steinkohlenkoks aus dem Stockheimer Vorkommen gesetzt hatte, weder in quantitativer noch qualitativer Hinsicht erfüllten, ging das Hüttenwerk 1850 in Konkurs. Hinzu kam, dass er nur wenige der ausgegebenen Aktien auf dem Kapitalmarkt unterzubringen vermochte. Meyer ließ sich aber von diesem Misserfolg nicht entmutigen, sondern bewarb sich 1853 um eine Konzession für die Werrabahn, die ihm aber verweigert wurde.

Ende der Dreißigerjahre wurde eine Eisenbahnlinie von Leipzig nach Hof projektiert und bis 1842 fertig gestellt. Sie streifte das Gewerbezentrum Altenburg und das diese Stadt umgebende reiche Agrargebiet. Die Bahn erleichterte dem Textilgewerbe von Greiz und Umgebung den Zugang zu dem modernen Verkehrsmittel. Bis zur Mitte der Sechzigerjahre erhielt Greiz durch eine Nebenlinie dieser Bahn einen unmittelbaren Anschluss an das Zwickauer Steinkohlenrevier und an die Fernstrecken nach Norden und Süden.

Nachdem Ende der Dreißigerjahre die Eisenbahnlinie von Berlin über Magdeburg bis nach Halle verlegt worden war, wuchs das Interesse der preußischen Behörden an deren Fortführung bis nach Kassel. Dabei dominierten politische Motive, weil Preußen an einer schnellen Verbindung zwischen seinen getrennten Staatsgebieten gelegen war. 1840 erfolgten die ersten Untersuchungen über die zweckmäßigste Streckenführung durch das nördliche Thüringen. Die verschiedenen Erwägungen führten schließlich dazu, die Bahnlinie von Halle über Weißenfels, Weimar, Erfurt nach Gerstungen zu führen. Diese Entscheidung war sowohl vom Erfurter Bürgermeister und den preußischen Dienststellen, die das preußische Gebiet einbezogen wissen wollten, favorisiert worden als auch von den Absichten von Friedrich List beeinflusst, der die Herrscherhäuser von Sachsen-Weimar-Eisenach, Sachsen-Coburg und Gotha sowie Sachsen-Meinigen zu einem Thüringischen Eisenbahn-Verein zusammenführen konnte. Letztlich gab ein Bündel von technischen, ökonomischen und militärstrategischen Gründen den Ausschlag dafür, dass das zuständige preußische Ministerium diese Streckenführung wählte. Am 20. Dezember 1841 unterzeichneten Preußen, Sachsen-Weimar-Eisenach, Sachsen-Coburg und Gotha und Kurhessen einen Staatsvertrag über den Bau und den Betrieb der Thüringischen Eisenbahn. Der Vertrag sah auch einen Bahnanschluss nach Bayern vor. Diesem Unternehmen lag das preußische Eisenbahngesetz von 1838 zu Grunde. Zur Finanzierung der Bahn entstanden in den Städten, die an der geplanten Strecke lagen, Aktienvereine, aus denen im März 1842 ein provisorischer Ausschuss hervorging, der die Gründung einer Aktiengesellschaft beschloss. Am 3. August 1844 trat die erste Generalversammlung der Aktionäre in Weimar zusammen, um den Verwaltungsrat und die Direktionsmitglieder zu wählen. Nach der Konstituierung des Direktoriums am 5.

August 1844, das die Thüringische Eisenbahn-Gesellschaft verwaltete und die Bauausführung leitete, erteilten die interessierten Regierungen im August und September 1844 der Aktiengesellschaft die Konzession zum Bahnbau, der zwischen Oktober 1844 und September 1849 ausgeführt wurde. Auf der zunächst eingleisigen, 189,5 km langen Strecke zwischen Halle und Eisenach verkehrten seit dem 20. November 1847 auch die ersten reinen Güterzüge mit einem Zugpaar. Von der Bahnverbindung zwischen Halle und Kassel profitierten die gewerbereichen Städte Apolda, Erfurt, Eisenach und das Vorland des Thüringer Waldes ebenso wie die für den überregionalen Markt produzierende Landwirtschaft im Erfurter Becken.

Die Thüringische Eisenbahn-Gesellschaft führte in den folgenden Jahrzehnten zehn Zweigbahnenprojekte aus, von denen sechs auf thüringischem Gebiet lagen bzw. davon ausgingen. Dazu gehörten die Bahnlinien Gera-Zeitz, am 19. März 1859 eröffnet, Arnstadt-Dietendorf, seit 16. Mai 1867 betrieben, Gotha-Mühlhausen, am 20. Dezember 1870 für den Verkehr freigegeben, Mühlhausen-Leinefelde, am 3. Oktober 1870 in Betrieb genommen, Gera-Eichicht, am 20. Dezember 1871 eingeweiht, sowie die Strecke Arnstadt-Plaue-Ilmenau, auf der am 6. August 1879 der Zugverkehr aufgenommen wurde.

Die 1855 in Meiningen gegründete Werrabahn-Gesellschaft erhielt noch im gleichen Jahr die Konzession für den Bau der Eisenbahn von Eisenach nach Coburg und von Coburg nach Sonneberg. Die Finanzierung der Unternehmung gestaltete sich schwierig. Schließlich wurden die für den Bau veranschlagten acht Millionen Taler von den tangierten Städten, den Regierungen, den Herrscherhäusern und der Thüringischen Eisenbahn-Gesellschaft aufgebracht. Die Thüringische Eisenbahn-Gesellschaft steuerte eine Million Taler bei. Die Werrabahn-Gesellschaft beauftragte diese Gesellschaft mit der Ausführung des Bahnbaus und überließ ihr für zehn

Jahre den Betrieb. Zwischen Februar 1856 und Herbst 1858 erfolgten die Bau- und Ausrüstungsarbeiten der 130 km langen Strecke von Meiningen nach Coburg und der 19,4 km langen Verbindung zwischen Coburg und Sonneberg. Danach konnten die in Sonneberg und Umgebung ansässigen Produzenten ihre Erzeugnisse Zeit sparend und kostengünstig zu den Seehäfen im Norden und zu den nach Süd- und Westdeutschland führenden Fernbahnen bringen.

Da die Thüringische Eisenbahngesellschaft die Werrabahn als eine Konkurrenzlinie betrachtete, nutzte sie ihren Einfluss, um die Anlage von Zweigbahnen zu verhindern. Meinungsverschiedenheiten zwischen beiden Bahngesellschaften führten 1875 zur Trennung ihrer geschäftlichen Beziehungen. Nun ging die Werrabahn-Gesellschaft, die in Meiningen eine eigene Direktion einrichtete, zum Bau von Zweigbahnen zwischen Neudietendorf und Ritschhausen im Jahre 1884, zwischen Eichicht und Stockheim im Jahre 1885, zwischen Lauscha und Sonneberg im Jahre 1886, zwischen Themar und Schleusingen im Jahre 1888, zwischen Immelborn und Liebenstein im Jahre 1889 und zwischen Coburg und Rodach im Jahre 1892 über. Allerdings blieben die wirtschaftlichen Resultate der Werrabahn, ungeachtet aller Sparmaßnahmen, unbefriedigend.

Nordthüringen wurde Mitte der Sechzigerjahre durch die Bahnverbindung Halle-Nordhausen-Kassel verkehrstechnisch erschlossen. Um diese Strecke mit der thüringischen Stammbahn zu verbinden, entstand 1866 die Nordhausen-Erfurter-Eisenbahn-Gesellschaft, der im Frühjahr 1867 eine Konzession für den Bahnbau von Nordhausen nach Erfurt gewährt wurde. Das Kapital für den Bahnbau brachten Städte und Herrscherhäuser auf. Die 68,5 km lange Bahn nahm am 17. August 1869 ihren Betrieb auf. Die durch Nordthüringen führenden Strecken erleichterten die Fernverbindungen der in Sangerhausen und Nordhausen ansässigen Gewerbe und der landwirtschaftlichen Betriebe in der Goldenen Aue.

Die schleppende Realisierung des Werrabahnprojekts verzögerte andere Bahnbauten in den thüringischen Staaten, weil sich die an dem Projekt beteiligten Regierungen vertraglich verpflichtet hatten, erst die Verbindung zwischen Eisenach und Bamberg fertig stellen zu lassen, bevor neue Vorhaben in Angriff genommen werden. Schon 1858/59 hatte sich der Landtag von Sachsen-Weimar-Eisenach mit dem Bau einer Verbindung zwischen Weimar und Gera unter dem Gesichtspunkt der Versorgung des Landes mit sächsischer Steinkohle befasst. Aber die Fertigstellung der Strecke Weißenfels-Gera im Jahre 1859 ließ das Interesse an der Linie Weimar-Gera schwinden. 1870 nahm Ernst Kohl, der Abteilungsbaumeister der Thüringischen Eisenbahn-Gesellschaft, dieses Projekt erneut in Angriff. Er fand Geldgeber für die Bahn, und die nach dem deutsch-französischen Krieg einsetzende Gründungslust erleichterte ihm die Beschaffung der Finanzmittel. 1872 entstand die Weimar-Geraer-Eisenbahn-Gesellschaft, die nach der Unterzeichnung der erforderlichen Staatsverträge noch im gleichen Jahr die Konzession für den Bahnbau erlangte. Das Aktienkapital in Höhe von 18,9 Millionen Mark brachten vornehmlich Banken auf. Die Ausführung des Bahnbaus übertrug man der Deutschen Reichs- und Continental-Eisenbahn-Baugesellschaft, die sich aber außer Stande sah, die Arbeiten fristgemäß auszuführen. Daraufhin nahm die Weimar-Geraer-Eisenbahn-Gesellschaft die Fertigstellung der Bahn in eigene Regie. Am 29. Juni 1876 wurde die 67,9 km lange Strecke freigegeben.

Seit Anfang der Fünfzigerjahre gab es auch in Jena Kreise, die für den Bau einer von Großheringen durch das Saaletal ins Fränkische führende Bahnlinie eintraten. Als das Projekt Weimar-Gera zur Diskussion stand, wurden weitere Vorstöße für eine Saalebahn unterlassen. Aber Mitte der Sechzigerjahre regte sich das Interesse an einer solchen Bahn wieder. Am 9. November 1864 kamen lokale Komitees der Saalestädte in Kahla zusammen, um ein Zentral-Komitee in Jena zu konstituieren. Man einigte sich auf die Streckenführung von Großheringen über Pößneck nach Saalfeld. Mit einem ausführlich begründeten Projekt wurde das Komitee beim Landtag vorstellig. Die großherzogliche Staatsregierung erlaubte den an der Saalebahn Interessierten im Mai 1865 die nötigen Vorarbeiten auf eigene Rechnung auszuführen. Nach der Klärung einer Vielzahl von Problemen kamen die Vertreter der vom Projekt berührten Regierungen von Sachsen-Weimar-Eisenach, Sachsen-Altenburg, Sachsen Meiningen und Schwarzburg-Rudolstadt am 8. Oktober 1870 in Camburg zusammen, um der Saale-Eisenbahn-Gesellschaft die Konzession für den Bau und den Betrieb der Saalebahn zu erteilen. Diese Anfang 1871 gegründete Aktiengesellschaft nahm am 23. April 1871 die Bauarbeiten bei Rothenstein auf und beendete sie im Wesentlichen Ende April 1974. Die Saale-Eisenbahn-Gesellschaft führte in der Folgezeit die Zweigbahnen Schwarzburg-Blankenburg und Orlamünde-Jüdewein aus.

Die in den Siebzigerjahren herrschende Wirtschaftskrise wirkte sich negativ auf die Rentabilität verschiedener Bahnlinien in Thüringen aus. Oftmals hatten die spät angelegten Strecken die Gewinnzone überhaupt noch nicht erreicht. Das veranlasste die Inhaber von Eisenbahnaktien, sich in einem zunehmenden Maße von ihren Aktien zu trennen. Die thüringischen Staaten, die Zinsgarantien für die Eisenbahngesellschaften übernommen hatten und die nun fällig wurden, stießen gleichfalls ihre Aktienanteile überhastet ab. Preußen, das aus politischen und militärstrategischen Gründen an der Beherrschung des Eisenbahnwesens in Deutschland interessiert war und schon seit längerem die Eisenbahngesellschaften mit ökonomischen Mitteln unter Druck setzte, nutzte diese Situation, um sich der thüringischen Eisenbahnen zu bemächtigen. 1881 veräußerten Sachsen-Weimar-Eisenach und Sachsen-Gotha die von ihnen an der Thüringischen Eisenbahngesellschaft gehaltenen Aktienanteile an Preußen. Die

Königliche Eisenbahndirektion in Erfurt übernahm die Leitung der preußischen Staatsbahn in Thüringen. Da der preußische Staat aber nicht über die für den Aufkauf der Eisenbahnaktien benötigten finanziellen Mittel verfügte, tauschte er die Aktien in Staatsschuldverschreibungen ein. Die Stammaktienbesitzer erhielten auf diese Weise für 1.200 Mark Aktien 2.500 Mark Schuldverschreibungen. Die Staaten, die noch Zinsgarantien zu leisten hatten, konnten sich davon durch eine einmalige Zahlung an den preußischen Staat befreien. Die Staaten ohne Zinsgarantiepflicht erhielten für den Verzicht auf ihre Rechte eine beachtliche Entschädigung. Der preußische König sanktionierte am 23. März 1882 den Ankauf der Thüringischen Eisenbahngesellschaft und die Bildung der Erfurter Eisenbahndirektion durch ein entsprechendes Gesetz. Zu den gleichen Modalitäten gingen 1887 die Nordhausen-Erfurter Eisenbahn, 1889 die Herzoglich Gothaischen Staatsbahnen, 1885 die Weimar-Geraer-Eisenbahn, die Saale- und die Werrabahn in preußisches Staatseigentum über. Die Verkaufssumme der Weimar-Geraer Eisenbahn, der Saale- und der Werrabahn lag 23,8 Prozent unter der Bausumme. Die preußische Eisenbahn setzte den Ausbau des Streckennetzes in den thüringischen Staaten fort und modernisierte die Anlagen und das rollende Material.

Bis 1913 wurde das thüringische Streckennetz auf 1.703,4 km erweitert. Daran hatten die normalspurigen Privatbahnen noch einen Anteil von acht Prozent. Das thüringische Eisenbahnnetz war außerordentlich dicht. Auf 1.000 km^2 kamen 141,8 km Eisenbahnstrecke und auf 10.000 Einwohner 103,5 km. Der Reichsdurchschnitt wies bei den beiden Kennziffern lediglich 100,5 bzw. 91,4 km Eisenbahnstrecke aus.

Der Auf- und Ausbau eines dichten Eisenbahnnetzes in den Staaten und preußischen Gebieten Thüringens verbesserte nicht nur die Verkehrssituation der Landwirte und bereits ansässigen Gewerbetreibenden, sondern förderte vor allem die Ansiedlung neuer gewerblicher Unternehmen entlang der

Bahnlinien. Als ein besonders Beispiel kann die Saalebahn genommen werden. Sie erleichterte nicht nur den Aufstieg der Optischen Werkstätte des Carl Zeiss zu einem führenden Industrieunternehmen und die Erweiterung des Jenaer Glaswerks Schott & Gen. in Jena, sondern vor allem die Gründung von Zementwerken in Dornburg und Göschwitz, von Porzellanfabriken in Kahla und Rudolstadt oder von feinmechanisch-optischen Unternehmen in Saalfeld.

Im innerstädtischen Verkehr vollzogen sich in dem betrachteten Zeitraum durch das Aufkommen der elektrischen Straßenbahnen ebenfalls wesentliche Veränderungen, auf die im Zusammenhang mit der Elektrifizierung der Städte eingegangen wird.

9. Die Einführung der Gewerbefreiheit

Mitte des 19. Jahrhunderts herrschten in den thüringischen Staaten noch immer die aus dem Feudalsystem resultierenden, aber erheblich abgeschwächten Prinzipien der Gewerbeordnung, die die Herausbildung einer modernen gewerblichen Wirtschaft behinderten.

In den preußischen Gebieten der thüringischen Region hatten die napoleonischen Behörden die dem Zunftwesen entspringenden Beschränkungen gewerblicher Betätigung aufgehoben. Nach der Rückkehr der preußischen Verwaltung blieben diese Regelungen erhalten, denn inzwischen waren im Königreich Preußen das Steueredikt vom 2. November 1811 und das Gesetz über die polizeilichen Verhältnisse der Gewerbe vom 7. September 1811 erlassen worden, die verschiedene, dem Zunftsystem immanente Beschränkungen aufgehoben hatten. Danach bedurfte es künftig nur noch eines behördlichen Gewerbescheins, um ein Gewerbe auszuüben. Damit waren sowohl der Zunftzwang als auch die Privilegien des städtischen Handwerks beseitigt. Die neuen Regelungen und die daraus resultierenden Konsequenzen fanden dann in der am 17. Januar 1845 für Preußen erlassenen Allgemeinen Gewerbeordnung ihren Niederschlag. In der preußischen Gewerbeordnung von 1849 waren allerdings Bestimmungen über die Gewerbefreiheit, die negative soziale Folgen für die Handwerkerschaft hatten, zurückgenommen worden.

In den thüringischen Staaten hatte man die Wirkungen der preußischen Gewerbegesetzgebung verfolgt, aber zunächst keine einschlägigen Gesetze erlassen. Dessen ungeachtet vollzogen sich auch in diesen Staaten Prozesse, die auf eine Änderung der herrschenden gewerbegesetzlichen Regeln hinwirkten. Innerhalb der Handwerkerschaft regten sich starke Kräfte, die auf eine Ausweitung der Produktion, auf die Vergrößerung des Personals und vor allem auf die Anwendung fortschrittlicher Arbeitstechniken drängten. Vielfach ließen sich neue Erzeugnisse und Herstellungsverfahren nicht mit Regeln, die im zünftigen Handwerk galten, in Einklang bringen. Immer mehr Kapitaleigner sahen in der gewerblichen Sphäre die Gelegenheiten, ihr Vermögen zu mehren. Darum ahndete die Ministerialbürokratie, auch aus fiskalischen Gründen, Verstöße gegen die Zunftordnungen nicht mehr, erteilte freizügiger Konzessionen für gewerbliche Unternehmer und achtete lediglich darauf, dass die Antragsteller über das nötige Eigenkapital verfügten, um das Unternehmen dauerhaft betreiben zu können.

Anfang der Sechzigerjahre entschlossen sich die Regierungen der thüringischen Staaten dann auch, den Veränderungen in der gewerblichen Wirtschaft durch Gewerbegesetze Rechnung zu tragen. Das Staatsministerium von Gotha hatte, die Vorarbeiten für die sächsische Gewerbegesetzgebung nutzend, 1861 den Entwurf eines Gewerbegesetzes vorgelegt, nach dem in der ersten Hälfte der Sechzigerjahre auch andere thüringische Staaten die gesetzlichen Regelungen abfassten. Das Fürstentum Reuß ältere Linie entschloss sich erst 1868 im Zusammenhang mit dem Beitritt zum Norddeutschen Bund, ein Gewerbegesetz zu erlassen.

Der Inhalt der Gewerbegesetze soll am Beispiel von Sachsen-Weimar-Eisenach, das am 30. April 1862 ein solches Gesetz erlassen hatte und das noch im gleichen Jahr in Kraft trat, dargestellt werden. Der Großherzog von Sachsen-Weimar-Eisenach gab einleitend als Grund für den Erlass des Gesetzes die Förderung der Gewerbe an. Das Gesetz bezog sich auf alle gewerbsmäßig betriebene Beschäftigung und führte dann die Wirtschaftsbereiche auf, darunter den Bergbau, für die es keine Gültigkeit besaß. Die entscheidende Bestimmung des Gesetzes enthielt der Paragraph 3, der festlegte, dass es jedem Inländer - ungeachtet des Geschlechtes -, der das vierundzwanzigste Lebensjahr vollendet hatte, freistand, ein Gewerbe an jedem beliebigen Ort selbstständig zu betreiben, wenn er die im Gesetz enthaltenen Vorschriften beachtete. Er musste lediglich einen Heimatschein und ein gutes Leumundszeugnis beibringen. Ausländern war die Gewerbeausübung erlaubt, wenn sie in ihrer Heimat gleichfalls zur Ausübung eines Gewerbes berechtigt waren. Der Paragraph 42 hob die aus dem bisherigen Innungsverbande abfließenden Verbietungsrechte auf. Verbindungs-, Zwangs- und Bann-Rechte durften künftig weder verliehen noch durch Vertrag oder Verjährung erworben werden. Jeder zum selbstständigen Gewerbe Berechtigte konnte sein Gewerbe durch einen Stellvertreter oder Pächter ausüben lassen. Mehrere Niederlassungen eines Gewerbebetriebes waren erlaubt. Der Gewerbetreibende durfte seine Erzeugnisse an jeden Ort des Landes liefern und überall ausstellen. Ihm war es ebenso erlaubt, an einem jeden Ort Arbeiten auszuführen oder auszuführen lassen. Jeder Gewerbetreibende konnte verschiedene Gewerbe ausüben. Gleichzeitig war die Vereinigung verschiedener Gewerbetreibender zu gemeinschaftlichem Gewerbebetrieb zulässig. Absprachen über Preise für gewerbliche Erzeugnisse und Dienstleistungen sowie über Löhne waren untersagt. Bisherige Beschlüsse über Preise oder Löhne waren für die Gewerbetreibenden nicht mehr bindend. Zwangsmittel gegen Außenstehende von gewerblichen Kooperationen oder von solchen, die sich getroffenen Vereinbarungen entziehen wollten, standen unter Strafe.

Die Gewerbeordnung regelte die Rechte des gewerblichen Hilfspersonals. Sie betrafen die Kinderarbeit, die Züchtigung schulpflichtiger Arbeiter, die Gewährung der Schulzeit, die Gestaltung von Arbeitsverträgen mit Unmündigen, die Kündigungsfristen, die anerkannten Kündigungsgründe für den Unternehmer und für den Arbeiter, die Höhe der Strafen bei Lohnentzug, die Formen der Entlohnung sowie das Verbot des Trucksystems. Vereinbarungen von Arbeitern zur Erzielung höherer Löhne und kürzerer Arbeitszeiten usw. waren für die Teilnehmer nicht verbindlich. Das galt auch für Lehrlinge und Personen, die in ihren Behausungen für Fabrikanten, Verleger, Faktoren usw. arbeiteten. Die Unternehmer waren dazu angehalten, behördlich vorgeschriebene Arbeitsschutzeinrichtungen anzuschaffen. Von Unternehmen, die mehr als 20 Arbeitskräfte beschäftigten, wurde eine Fabrikordnung verlangt, die den Beschäftigten bekannt zu machen war. Als Lehrling galt nach dem Gesetz, wer bei einem selbstständigen Gewerbetreibenden zur Erlernung des Gewerbes eintrat. Dabei machte es keinen Unterschied, ob die Ausbildung gegen Lehrgeld oder unentgeltliche Hilfeleistung erfolgte, oder ob die vom Lehrling geleistete Arbeit entlohnt wurde. Das Gesetz regelte ferner die Bedingungen für das Lehrverhältnis.

Die Innungen konnten als gewerbliche Genossenschaften fortbestehen und das Recht einer juristischen Person behalten. Das Gesetz erkannte als Aufgabenfelder der Innungen die Regelung der Verhältnisse zwischen den Gewerbetreibenden, den Lehrlingen und Gehilfen, die Beilegung von Unstimmigkeiten zwischen den Innungsmitgliedern einerseits und den Gewerbetreibenden, den Lehrlingen und Gehilfen andererseits. Die Innungen konnten Fachschulen und ähnlichen gemeinschaftlichen Anstalten gründen, fördern und verwalten sowie Unterstützungskassen einrichten.

Mit den Gewerbegesetzen fielen in Thüringen die letzten bürokratischen Hemmnisse, die der Entfaltung des Industrialisierungsprozesses entgegenstanden. Unternehmerisch Veranlagte konnten nun ohne umständliche Verfahren und ohne den Widerstand von Zünften fürchten zu müssen, Gewerbebetriebe gründen und führen. Dabei ist natürlich nicht zu ignorieren, dass nun das Risiko für Lohnarbeiter wuchs, wenn Neugründungen der wirtschaftliche Erfolg versagt blieb und für Zunfthandwerksmeister und Gesellen ein sozialer Schutzmechanismus entfiel.

10. Der weitere Wandel in den traditionellen Gewerbezweigen

Die Situation im Handwerk

Ungeachtet der vielfältigen Veränderungen, die sich seit den Sechzigerjahren im Handwerk vollzogen, behielt dieser Teil der gewerblichen Wirtschaft in den Staaten und preußischen Gebieten Thüringens weiterhin beachtenswerte Positionen. 1904 bestanden in den sechs Handwerkskammerbezirken, die nach dem Handwerkskammergesetz von 1897 gebildet worden waren, 537 Innungen mit 17.959 Meistern. Die Innungsmeister beschäftigten 23.851 Gesellen und bildeten 10.791 Lehrlinge aus.

Im Gefolge der Gewerbefreiheit vergrößerte sich bis zum Beginn des Ersten Weltkrieges in einer ganzen Reihe von Gewerken die Anzahl der selbstständigen Meister, die aber - wie das Beispiel Erfurts in den Achtzigerjahren zeigte - , häufig keine Gesellen beschäftigten und auch keine Lehrlinge ausbildeten. Durch das Bevölkerungswachstum, die zunehmende Urbanisierung und die veränderten Lebensgewohnheiten erhielten verschiedene Gewerke bemerkenswerte Entwicklungsimpulse. Das spiegelte sich in der zunehmenden Anzahl von selbstständigen Fleischer-, Bäcker-, Schneider- und Friseurmeistern wider. So nahm zwischen 1864 und 1907 die Anzahl der Fleischermeister um 28, der Bäckermeister um 63, der Schneidermeister um 14 und der Friseurmeister sogar um 163 Prozent zu.

Auch das auf die Bedürfnisse des Metall verarbeitenden Handwerks zugeschnittene Angebot des Maschinenbaus und der elektrotechnischen Industrie ermöglichte kreativen Handwerksmeistern, ihre Werkstätten so zu technisieren, dass sie sowohl die Arbeitsproduktivität steigern als auch Arbeiten ausführen konnten, für die sie bisher nicht gerüstet waren.

Im Zuge des technischen Fortschritts entstanden zahlreiche neue Gewerke. Es soll nur auf das Automobilinstandsetzungshandwerk, das Elektrohandwerk, das Installationshandwerk usw. verwiesen werden.

Diese Entwicklung lässt natürlich nicht darüber hinweg sehen, dass das Vordringen der industriellen Produktion die Existenzgrundlage der selbstständigen Handwerker in vielen Gewerbezweigen untergrub und schließlich zerstörte. So hatte sich in den Jahren von 1864 bis 1907 die Anzahl der Weber um 88, der Grobschmiede um 28, der Müller um 41 und der Schuhmacher um 24 Prozent verringert.

Neue Branchen im Nahrungs- und Genussmittelgewerbe

Die gute Rohstoffgrundlage in der Goldenen Aue, im Erfurter Becken und im Altenburger Land, die Fortschritte in der Konservierungstechnik, die wachsende Bevölkerung und die sich wandelnden Ernährungsgewohnheiten regten dazu an, die industrielle Herstellung von Nahrungs- und Genussmitteln zu erweitern. In den fruchtbaren Landstrichen der thüringischen Region entstanden weitere Fleisch- und Feinkostfabriken. In Allstedt, Oldisleben, Camburg und Straußfurt wurden neue Zuckerfabriken errichtet. In Pößneck begründete Robert Berger Mitte der Fünfzigerjahre eine Schokoladen- und Süßwarenfabrik. In Gera entstand 1855 ebenfalls eine Schokoladenfabrik, in der eine Dampfmaschine mit drei PS den Produktionsapparat antrieb und in Saalfeld errichtete die Fa. Mauxion 1901 eine Produktionsstätte für Süßwaren. Die Herstellung von Teigwaren erfolgte zunehmend in größeren Fabrikationsstätten. In Erfurt erhöhte sich die Anzahl der Nudelfabriken von vier in den Sechzigerjahren auf 16 im Jahre 1901. Die Erzeugung von Mehl wurde von Großmühlen außerhalb Thüringens übernommen. Die Tabakwarenfabrikation breitete sich seit Mitte des Jahrhunderts in Erfurt und verschiedenen thüringischen Staaten aus. Vornehmlich aus importiertem Rohstoff wurden nun Kautabak, Rauch- und Schnupftabak in Nordhausen, Mühlhausen, Altenburg, Frankenhausen, Salzungen, Wasungen, Eisfeld, Eisenach hergestellt. Allein in Erfurt produzierten in den fünfziger und Sechzigerjahren drei Fabriken Tabakerzeugnisse.

Die zunehmend großgewerbliche Herstellung von Nahrungs- und Genussmitteln regte dazu an, auch Produkte zu fertigen, die die Konservierung erleichterten und den Konsum beförderten. So kam 1855 von Delmenhorst die Fabrikation von Flaschenkorken in die Rhön. Im Verlauf des 19. Jahrhunderts stellten sich die Hersteller von kompletten Tabakspfeifen in Ruhla auf den wandelnden Geschmack der Pfeifentabakraucher ein. Sie verarbeiteten nun an Stelle von Meerschaum Bernstein, Porzellan, Ton oder Buchenholz. Als die Zigarre und die Zigarette die Pfeife verdrängte, gingen die Pfeifenmacher, vornehmlich in Waltershausen, zur Herstellung von Spitzen aus Papiermaché über.

Die durchgängige Technisierung der Textilerzeugung

In den Fünfziger- und Sechzigerjahren nahm in den thüringischen Zentren des Textilgewerbes die industrielle Wollgarnproduktion weiter zu. Gleichzeitig schwanden die Hindernisse, die der mechanischen Weberei bislang entgegenstanden. Nach den in den Vierzigerjahren am Widerstand der zünftig organisierten Weber gescheiterten Versuchen, Tuche auf mechanischen Webstühlen herzustellen, konnten 1858 in Gera und dann 1862 in Greiz mechanische Webstühle in Betrieb genommen werden. In den folgenden Jahrzehnten setzte sich die mechanische Weberei, wie die Angaben aus den reußischen Fürstentümern zeigen, rasch durch. In Reuß jüngerer Linie zählte man 1870 1.000 mechanische Webstühle, 1884 verzeichnete die Statistik 6.028 und 1895 11.032 derartige Maschinen. In Reuß älterer Linie standen 1884 7.491 und 1895 12.259 mechanische Webstühle. Die Gründe für diese Entwicklung waren vielfältig. Die Weber hatten mit der Einführung der Gewerbefreiheit den Rückhalt, den ihnen die Zunftorganisation bisher bot, verloren. Die mechanischen Webstühle, die nun von den Maschinenbauanstalten hergestellt wurden, waren technisch ausgereifter und leistungsfähiger. Die Fortschritte im Dampfmaschinenbau gestatteten den Einsatz von betriebssicheren, zuverlässigen und kostengünstigen Antriebsmaschinen. Das dichter werdende Eisenbahnnetz erlaubte für diese Maschinen den preiswerten Bezug von Brennstoffen. Als Beispiele können die Firmen J. G. Zoeth, Wegel & Söhne, Beyer & Sohn und Wolfarth & König in Pößneck und Umgebung genommen werden, die in der ersten Hälfte der Sechzigerjahre zum Dampfmaschinenantrieb übergegangen waren.

In den Achtzigerjahren erfasste die mechanische Weberei eine spezifische Branche des thüringischen Textilgewerbes. In Münchenbernsdorf wurde Anfang der Siebzigerjahre noch Beuteltuch von Hand gewebt. Die Weber, die damit ihren Lebensunterhalt verdienten, zeigten sich aber der auswärtigen Konkurrenz nicht mehr gewachsen und wichen deshalb auf die Herstellung von Decken, Läufern und Teppichen aus. Anfang der Achtzigerjahre hielten auch hier mechanische Webstühle Einzug und innerhalb weniger Jahre breitete sich die mechanische Teppichweberei in der Umgebung von Münchenbernsdorf, in Gera und Weida aus. Begünstigt wurde diese Branche durch die Jutespinnereien und -webereien, die auf landesherrlichen Anregungen in Weida und Triptis entstanden waren. Die aus der in den Tropen wachsenden Linke gewonnene Jute ermöglichte ein feines Garn und war ein wichtiger Rohstoff für Teppiche, Packtücher und Säcke.

Ende des 19. Jahrhunderts gerieten zahlreiche Spinnereien in West- und Nordthüringen in wirtschaftliche Schwierigkeiten. Das nutzte die kapitalkräftige Norddeutsche Wollkämmerei- und Kammgarnspinnerei AG, die ihren Sitz in Delmenhorst und Bremen hatte, aus, um ihre Stellung in der Branche zu stärken. Sie erwarb 1898 die Wollgarnfärberei P. H. Platt in Mühlhausen und übernahm die Kammgarnspinnerei in Glücksbrunn bei Bad Liebenstein. 1904 ging das Anlagevermögen der Mitteldeutschen Kammgarnspinnerei und Färberei AG in Mühlhausen an das norddeutsche Unternehmen, das zwei Jahre später, 1906, mit der Eisenacher Kammgarnspinnerei, vormals Eichel & Kramer, in Eisenach, und im gleichen Jahr mit der Kammgarnspinnerei Weiß und jun. & Co. in Langensalza fusionierte. Die Wollspinnerei Clad & Co. KG in Langensalza entzog sich der Vereinnahmung, in dem sie, von Leipziger Banken unterstützt, die Thüringer Wollspinnerei AG gründete, die 1901 eine Spinnerei in Leipzig und 1910 eine Spinnerei in Werdau erwarb. 1913 eröffnete die Thüringer Wollspinnerei AG ihren Geschäftssitz in der sächsischen Messestadt.

Um sich in dem immer schärfer werdenden Konkurrenzkampf, der zu Preisnachlässen zwang, besser behaupten zu können, entschlossen sich auch die ostthüringischen Färbereien und Webereien zu einem abgestimmten Vorgehen auf dem Markt. Den Anfang machten 1895 die Färbereien und Appreturanstalten mit der Bildung der Vereinigten Färbereien und Appreturanstalten. Sie schufen zunächst ein Preiskartell, das sie dann in die Konvention sächsisch-thüringischer Färbereien umwandelten. Die Webereien auf ostthüringischem und sächsischem Gebiet folgten 1904 der Anregung der Greizer Firma C. Gr. Feustel und fanden sich im Verband sächsisch-thüringischer Webereien zusammen, der seinen Sitz in Leipzig nahm. Seit 1904 gab es auch Absprachen zwischen dem Weberei- und Färbereiverband. Die dem Verband sächsisch-thüringischer Webereien beigetretenen Firmen einigten sich über die Verkaufsbedingungen und über die Gestaltung des Entlohnungssystems. Die Lohnproblematik war ein besonderes Motiv für die Verbandsgründung, denn vom 20. Oktober bis zum 28. November 1905 kam es in Gera, Glauchau, Greiz und Meerane zu scharfen Auseinandersetzungen zwischen den Textilarbeitern und den Unternehmen. Die Arbeiter in den Webereien und Färbereien forderten höhere Löhne und einen Zehnstundenarbeitstag. Um ihren Forderungen Nachdruck zu verleihen, traten die Weber am 10. Oktober 1905 in den Streik. Das nahmen die Mitglieder des Webereiverbandes zum Anlass, um die ca. 13.000 in ihren Unternehmen beschäftigten Arbeiter auszusperren. Am 13. November 1905 legten auch die Färber die Arbeit nieder. Der Konflikt brachte den Textilarbeitern allerdings keinen unmittelbaren Erfolg.

Die sinkende Nachfrage nach Textilien aus Leinen veranlasste seit Mitte des 19 Jahrhunderts Leineweber, sich der schon seit Ausgang des 18. Jahrhunderts in Thüringen heimischen Schlauch- und Gurtweberei zuzuwenden. Der Aufbau von Feuerwehren in den Städten und größeren Dörfern, aber auch der wachsende Bedarf an Treibriemen und Seilen in der gewerblichen Wirtschaft und beim Militär regte die im Umgang mit Hanf erfahrenen Weber im Gothaer Vorland des Thüringer Waldes dazu an, die Schlauch- und Gurtweberei auszubauen. Da sich aber der Absatz dieser Erzeugnisse für die verstreut arbeitenden Produzenten schwierig gestaltete, denn für sie waren die Abnehmer nicht ohne weiteres erreichbar, vermittelten Kaufleute die Verbindung zum Markt. Gleichzeitig sorgten sie für eine allmähliche Zentralisierung der Produktion. Da sich die Leinenschläuche nicht als völlig wasserdicht erwiesen, kam ein Unternehmer in den frühen Sechzigerjahren auf die Idee, in die Schläuche Gummifäden einzuweben und sie auf diese Weise abzudichten. Ein gummierter Schlauch wurde auf dem Deutschen Feuerwehrtag im Jahre 1865 erstmals vorgestellt. In Waltershausen griffen Weber diese technische Neuerung auf und fertigten derartige Schläuche an. Die Möglichkeiten, die das neue Material bot, veranlasste verschiedene thüringische Unternehmer, auch andere Gummierzeugnisse in ihr Fertigungsprogramm aufzunehmen. Einer von ihnen war der Erfurter J. Römler, der 1874 in Zeulenroda eine Fabrikationsstätte gründete, in der aus Baumwoll- und Gummifäden hygienische Artikel hergestellt wurden. In dieser neuen Branche des Textilgewerbes nahmen die thüringischen Unternehmen eine Vorrangstellung ein, denn elf der 17 Firmen, die in Deutschland solche Mischgewebe produzierten, hatten ihren Standort im Thüringischen.

Der Übergang zur Konfektionierung im Bekleidungsgewerbe

Die allmählich zunehmende Nachfrage nach preiswerter Oberbekleidung ermunterte Kaufleute und geschäftstüchtige Schneidermeister, konfektionierte Textilien herzustellen. In Erfurt spezialisierten sich Verleger auf das Geschäft mit Damenoberbekleidung, insbesondere mit Damenmänteln. Sie beschäftigten Schneider als Zwischenmeister, die mit eigenen Arbeitskräften in ihren Werkstätten und mit Heimarbeitern nach Vorlagen Kleidungsstücke anfertigten. Diese Konfektionsware, zumeist aus englischen Stoffen gefertigt, setzten sie in Deutschland und in England ab. Später erweiterten sie das Absatzgebiet. Die Gebrüder Lamm hatten 1860 einen Verlag mit zeitweilig bis zu 400 Beschäftigten gegründet. A. Lamm & Pach eröffneten 1864 einen zweiten Großverlag, der ebenfalls eine Vielzahl von Arbeitskräften unter Vertrag hatte.

Daneben gab es in Erfurt noch fünf Konfektionsbetriebe mit jeweils 50 Arbeitskräften. Nach der Jahrhundertwende vollzog sich mit dem Übergang zur fabrikmäßigen Herstellung von Konfektionsbekleidung im Erfurter Bekleidungsgewerbe eine Konzentration. Dazu trug die Einführung von Maschinen mit elektrischem Einzelantrieb, vor allem Näh- und Zuschneidemaschinen, wesentlich bei. Die Erfurter Konfektionäre mussten in einem zunehmenden Maße auf die wechselnden Modeströmungen reagieren, um der starken Berliner Konkurrenz gewachsen zu sein.

Das Apoldaer Wirkwarengewerbe drang nach Einführung der Gewerbefreiheit weiter ins Umland vor und schaffte sich auch in Erfurt eine feste Position. Neben den herkömmlichen Verlagen entstanden in Apolda einige industrielle Fabrikationsstätten, darunter die Fa. Christian Zimmermann & Co, die eine größere Anzahl von Arbeitskräften beschäftigten. In Zeulenroda bestanden schon seit einiger Zeit industrielle Unternehmen, die Wirkwaren herstellten.

Die Produktion von Lederhandschuhen in Altenburg und Arnstadt nahm in der zweiten Hälfte des 19. Jahrhunderts einen bemerkenswerten Aufschwung. Die Handschuhfabrik J. L. Ranninger & Söhne in Altenburg beschäftigte 1875 in zentralisierten Werkstätten und in Heimarbeit 2.039 Arbeitskräfte am Ort und im Umland. Diese Firma, zu dieser Zeit eine der größten gewerblichen Unternehmungen in Thüringen, vermochte sich gegen die starke französische Konkurrenz durchzusetzen. Zur gleichen Zeit bildete sich in dieser ostthüringischen Stadt in der Hutmacherei eine großgewerbliche Fabrikation heraus.

In Schmölln führten die Gebrüder Donath in den Sechzigerjahren die Steinnussfabrikation ein. Sie hatten diese Technik in Berlin erlernt, wo seit 1859 Steinnussknöpfe hergestellt wurden. Zunächst produzierten die Donaths auf handwerklicher Basis, gingen aber 1869 zur industriellen Fertigung der Knöpfe über.

Die Mechanisierung in der Schuhproduktion

Obgleich im thüringischen Schuhgewerbe bis Ende der Siebzigerjahre das Handwerk vorherrschend blieb, hatten sich in den Zentren dieses Gewerbes die Formen einer großgewerblichen Schuhproduktion weiter ausgebildet. Mitte der Siebzigerjahre gab es in Erfurt neun größere Unternehmungen, die 316 Arbeitskräfte, vorwiegend in Heimarbeit, beschäftigten. Vereinzelt setzten Verleger in zentralen Werkstätten mechanische Hilfsmittel ein. 1851 bediente man sich zum Nähen von Schäften und Lederoberteilen erstmals einer Maschine. 1857 kam eine amerikanische Holznagelmaschine und eine Sohlendurchnähmaschine hinzu. Unter den großgewerblichen Unternehmen hatten die Firmen Franz Büchner, Böhnert & Munchgang, Mergenbaum & Metzler ein besonderes Gewicht. 1872 eröffnete Eduard Lingel eine Werkstatt, in der er fünf bis sechs Schuhmachermeister beschäftigte. Darüber hinaus ließ er 50 Heimarbeiter für sich arbeiten. Innerhalb weniger Jahre vergrößerte Lingel das für ihn tätige Personal. 1875 zählte die Firma 300 Arbeitskräfte, die Schuhe in einer größeren Werkstätte und in Heimarbeit anfertigten.

Die allmähliche Zentralisierung der Schuhproduktion begünstigte die Arbeitsteilung, denn die Arbeitsoperationen, das Zuschneiden, Steppen, Zwicken usw., ließen sich nun leichter separieren. Dadurch stieg die Arbeitsproduktivität, und der große Organisationsaufwand, der bisher durch die dezentralisierte Fertigung getrieben werden musste, ließ sich nennenswert verringern. Einen ökonomischen Effekt brachte die Sortimentserweiterung.

Um die seit den Fünfzigerjahren bei der Mechanisierung der Schuhherstellung in den USA erzielten Fortschritte aus erster Hand kennen zu lernen, reisten die Gebrüder Dreßler, Mitbegründer der Fa. Lingel, 1877/78 über den Ozean. Sie studierten nicht nur die Technologie und Arbeitsorganisation einer industriellen Schuhfabrikation, sondern erwarben auch die neuesten Maschinen zur Schuhherstellung. Die von einem

Gasmotor angetriebenen Fräs-, Glas- und Ausputzmaschinen wurden Anfang der Achtzigerjahre in Betrieb genommen. In der Mitte der Achtzigerjahre beschäftigte das Lingel-Unternehmen 600 Arbeitskräfte. Die Fa. Lingel hielt sich über die Fortschritte im amerikanischen Schuhmaschinenbau, der für den immer detaillierter gestalteten Arbeitsprozess die entsprechenden Einzweckmaschinen anbot, auf dem Laufenden und setzte sie im Fertigungsprozess ein. Zugleich konstruierte man in dem Erfurter Unternehmen eine Zwickmaschine und ließ sie Ende der Achtzigerjahre von einem deutschen Maschinenproduzenten bauen. Mit den 1895 eingeführten Rahmenstich- und Zuschneidemaschinen und der 1906 aufgestellten Zuschneidemaschine für Futterstoffe wurde der Mechanisierungsprozess in der Fa. Lingel vorerst vollendet. Die Maschinenarbeit hatte die Handarbeit in der Schuhfabrikation nahezu vollständig abgelöst. Die fortschreitende und schließlich durchgängige Mechanisierung brachte dem Unternehmen Vorteile. Durch sie konnte die Produktivität der Arbeit wesentlich gesteigert werden. Die ausgeführten Arbeiten fielen qualitativ besser und vor allem gleichartiger aus. Da der Arbeitsprozess aus wenigen und immer wiederkehrenden Operationen bestand, konnten nun ungelernte, zumeist weibliche Arbeitskräfte eingesetzt werden. Diese Faktoren ließen die Fertigungskosten sinken und gestatteten der Fa. Lingel, die Preise für das Schuhwerk so zu kalkulieren, dass sie unter denen lagen, die einem selbstständigen Schuhmachermeister möglich waren.

Die Vorteile der Maschinenarbeit veranlassten auch andere Erfurter Schuhproduzenten, darunter die Fa. F. C. Böhnert, den Fertigungsprozess zu mechanisieren. In den Achtzigerjahren entstanden in Erfurt zwei weitere, mit modernen Arbeitsmitteln ausgestattete Schuhfabriken, die Firmen von F. und M. Heß und der Brüder Maier & Louis Heß.

Mit dem Übergang zur industriellen Schuhproduktion veränderte sich die personelle Situation in diesem Erfurter

Gewerbe. Wenn zwischen 1807 und 1875 die Anzahl der Schuhmachermeister um 70 und der Gesellen und Lehrlinge um 99 Prozent zugenommen hatte, so sank bis 1907 die Anzahl der Meister um 35 und der Gesellen und Lehrlinge um 63 Prozent. Die Belegschaften der Schuhfabriken setzten sich aus Fachkräften, die bislang in Handwerksbetrieben tätig waren, und zu einem großen Teil aus un- und angelernten Arbeitskräften zusammen.

Nachdem die großen Erfurter Schuhproduzenten in den Siebzigerjahren dazu übergegangen waren, neben Herrenstiefeln auch Kinder- und Damenschuhwerk herzustellen, brachten sie in den Neunzigerjahren Luxusschuhwerk auf den Binnenmarkt. Die industrielle Schuhproduktion für einen differenzierten und anonymen Kundenkreis bedingte aber ein neuartiges Vertriebssystem. Die einzelnen Unternehmen waren nicht in der Lage, einen unmittelbaren Kontakt zur potenziellen Kundschaft herzustellen und zu pflegen, zumal - nimmt man die ärmere Bevölkerung aus - noch immer die Gewohnheit verbreitet war, das Schuhwerk nach Möglichkeit bei einem bekannten Schuhmacher anfertigen zu lassen. Die Unternehmen gewannen Einzelhändler, die bereit waren, sich auf den Schuhverkauf zu spezialisieren und ihre Geschäfte dort anzusiedeln, wo eine entsprechende Kundschaft zu erwarten war. 1854 gab es in Erfurt 34 Geschäfte, die Schuhwerk verkauften. Umsichtige Händler sandten Vertreter aus, um Aufträge einzuwerben. Der spezialisierte Schuhhandel stieß anfänglich allerdings auf Schwierigkeiten, weil die industriell gefertigten Schuhe noch nicht dem differenzierten Bedarf entsprachen, sodass sich die Kundschaft lediglich aus den ärmeren Bevölkerungskreisen rekrutierte. Hinzu kam, dass das industriell gefertigte Schuhwerk zunächst noch nicht viel preiswerter als das der Schuhmachermeister war. Das änderte sich aber seit den letzten Jahrzehnten des 19. Jahrhunderts, weil die Qualität des konfektionierten Schuhwerks gestiegen und die Preise wesentlich gesunken waren. Nun fand der

Schuhhandel seine Kunden auch unter jenen, die bisher ihre Schuhe bei einem selbstständigen Schuhmachermeister nach Maß arbeiten ließen.

Fortschritte in der Spielwarenherstellung

Das traditionell Hausrat und Kulturwaren produzierende Gewerbe passte sich in der zweiten Hälfte des 19. Jahrhunderts den wandelnden Bedürfnissen der Kundschaft an. Gleichzeitig entstanden neue Zweige. Dazu zählte die Möbel- und die Pianoforteindustrie. Die Möbelhersteller kamen in der Regel nicht aus dem Tischlerhandwerk, sondern waren Kaufleute oder bisher branchenfremden Tätigkeiten nachgegangen. Sie richteten ihre Fabrikationsstätten hauptsächlich in Zeulenroda, Themar, Erfurt und in Ortschaften des Holzlandes, in Eisenberg und Stadtroda, ein. Korbmöbel wurden im Coburger Land und im mittleren Ilmtal gefertigt. Der anfangs vornehmlich in Eisenberg gepflegte Pianofortebau siedelte sich später auch in Gera, Weimar und Gotha an.

Gegen Ende des 19. Jahrhunderts nahm man in Eisenberg, von dort kamen schon seit geraumer Zeit Holzetuis für Schmucksachen, Uhren und Instrumente, die Kofferfabrikation auf. Holzdrahtwaren für den häuslichen Gebrauch, darunter Rouleaus für Fenster und Tischläufer, wurden in Eisfeld, Großbreitenbach und in anderen Ortschaften angefertigt.

Im thüringischen Porzellangewerbe trat in den fünfziger und Sechzigerjahren ein Wandel ein. Der Mode folgend, die eine Vorliebe für Nippes hervorgebracht hatte, konzentrierten sich die Manufakturen stärker auf figürliche Porzellanerzeugnisse. Vornehmlich die noch abseits der Eisenbahn liegenden Fabrikationsstätten spezialisierten sich auf diese Erzeugnisse, weil die Kosten für deren Transport geringer ausfielen. Besondere Anregungen erhielten die Porzellanproduzenten durch die Einführung von Porzellanpuppenköpfen und -körpern. In den achtziger und Neunzigerjahren entstanden in und um Sonneberg neue Fabrikationsstätten, die ausschließlich Puppenteile aus Porzellan herstellten. Darüber hinaus wurden 1840 in Sitzendorf, 1843 in Kahla, 1856 in Gräfenroda über Arnstadt, 1861 in Gräfenthal und Suhl, 1864 in Katzhütte, 1881 in Gehren bei Ilmenau und 1882 in Unterweißbach bei Sitzendorf neue Porzellanfabriken eröffnet. Der Zugang zur Zwickauer Steinkohle begünstigte 1866 die Errichtung der großen Porzellanfabrik von Roemer & Toedisch in Frauenreuth, die 1891 in die Porzellanfabrik Frauenreuth AG umgewandelt wurde.

Der Kaufmann E. Lindner hatte 1851 beim Besuch der Londoner Weltausstellung eine Puppe mit beweglichen Gliedermaßen, die mit einem Hemdchen bekleidet war, erworben. Nach seiner Heimkehr interessierten sich Sonneberger Puppenmacher für diesen Täufling. Sie begannen, derartige Puppen aus Holz oder Papiermaché herzustellen. Anfang der Siebzigerjahre gingen Sonneberger Puppenmacher dazu über, für die Puppenkörper Zelluloid zu verwenden. Sie erschlossen damit dem ältesten aus Nitrozellulose durch Einarbeiten von Weichmachern hergestellten thermoplastischen Kunststoff ein weiteres Einsatzgebiet. Das neuartige Material ließ sich einfach verformen, war aber leicht entzündbar. Um 1880 setzte der Sonneberger Heinrich Stier den Puppen Schlafaugen, so genannte Bleipendelaugen, an Stelle der einfachen Steckaugen ein. Stier versah die Puppen auch - einem französischem Vorbild folgend - mit Kugelgelenken. Neben Puppen boten die Sonneberger Spielzeughersteller weiterhin auch anderes Spielzeug - Tiere, Fahrzeuge, Puppenstuben usw. -, an. Dabei waren sie bestrebt, dem Zeitgeschmack zu folgen und Veränderungen in der Welt der Erwachsenen im Spielzeug nachzubilden.

Im Laufe des 19. Jahrhunderts nahm die Anzahl der im Sonneberger Spielzeuggewerbe beschäftigten Arbeitskräfte zu. Wenn zu Beginn dieses Jahrhunderts ca. 1.000 Einwohner dieser Stadt ihren Lebensunterhalt mit dem Herstellen von Spielwaren verdienten, so waren es in den Jahren vor dem

Ersten Weltkrieg ca. 9.000. 1880 gab es in Sonneberg 321 selbstständige Spielzeugproduzenten. 85 Prozent von ihnen beschäftigten freilich nur bis zu vier Arbeitskräfte.

Im Spielzeuggewerbe von Sonneberg und Umgebung bestand in der zweiten Hälfte des 19. Jahrhundert das Verlagssystem fort. Die Verleger, von denen Louis Lindner & Söhne, Cuno und Otto Dressel, Adolf Fleischmann, Edmund Fleischmann & Söhne, Hermann Hachmeister und Philipp Sanshammer, zu den Großen der Branche zählten, erteilten den Finalproduzenten die Aufträge. Diese Fertigmacher bestellten wiederum bei den Teilemachern, vorwiegend Heimarbeiter, die zur Ausführung des Auftrages benötigten Einzelteile oder Baugruppen. In Sonneberg und Umgebung hatten sich mit der Zeit ca. 70 verschiedene Spezialarbeiter herausgebildet. Um den Grad der Dezentralisierung der Fertigung zu begrenzen, konzentrierte man die Fertigung in einzelnen Ortschaften auf ausgewählte Teile oder Baugruppen. Einige Verleger, dazu gehörten Cuno und Otto Dressel sowie Adolf Fleischmann, unterhielten für die Ausführung bestimmter Fertigungsstufen eigene Werkstätten. Kleinere Unternehmen fertigten Puppenbekleidung an.

In Waltershausen hatte Johann Daniel Kestner 1840 eine Manufaktur eröffnet, in der komplette Puppen hergestellt wurden. Die Anzahl der in dieser Manufaktur beschäftigten Arbeiter wuchs von 588 im Jahre 1845 auf 1.700 im Jahre 1859 an. 1900 umfasste das Produktionsprogramm des Unternehmens über 100 unterschiedliche Puppenarten. Neben Kestner stellten in Waltershausen auch andere Unternehmer, so der Modelleur Ernst Kämmerer und der Kaufmann Fritz Reinhard, Puppen her. Als in den frühen Neunzigerjahren der Absatz von Porzellanpuppen zurückging, verwendeten die Waltershausener Puppenproduzenten ebenfalls Zelluloid für die Puppenkörper. In den Achtzigerjahren brachte der Waltershausener Fabrikant Wislizenus aus Frankreich eine Puppe mit, bei der sich Kopf und Glieder in jede beliebige Richtung drehen ließen. Die Waltershausener Puppenfabrikanten griffen die französische Anregung auf, und als sich zeigte, dass die Gelenkpuppen einen guten Absatz fanden, wurden sie zum Hauptprodukt der Waltershausener Spielzeugindustrie. 1864 wandte sich August Rieder in Königsee der Puppenherstellung zu. Sein Unternehmen war derart erfolgreich, dass er 1905 853 Werkstattarbeiter und 428 Heimarbeiter beschäftigen konnte.

Eine gänzlich andere Art von Spielzeug schuf Friedrich Adolph Richter, Inhaber einer chemisch-pharmazeutischen Fabrik in Rudolstadt, mit einem Baukasten, den er zum Patent angemeldet hatte. Nachdem ihm am 8. Oktober 1880 das Reichspatentamt mitgeteilt hatte, dass sein Antrag auf die Patentierung des Richterschen Baukastens genehmigt sei, ließ Richter 1882 in Rudolstadt eine Fabrikationsstätte errichten, in der die künstlichen Steine produziert und zu unterschiedlichen Baukästen zusammengestellt wurden. Im Laufe der Jahre entstand ein Sortiment von 400 verschiedenen Grund- und Ergänzungsbaukästen. Dieses kreative Spielzeug erfreute sich schon nach kurzer Zeit im In- und Ausland einer großen Beliebtheit.

11. Das Aufkommen innovativer Industrien

Spezialmaschinenbau für einheimisches Gewerbe

Die zunehmende Anwendung von Kraftmaschinen in den gewerblichen Unternehmen, das Bestreben in den unterschiedlichen Gewerbezweigen, die Hand- durch die Maschinenarbeit zu ersetzen, und das Aufkommen neuartiger Produktionen ermunterte ortsansässige oder zugewanderte Handwerker des Metall verarbeitenden Gewerbes sich dem Bau von Antriebs- und Werkzeugmaschinen sowie von technischen Einrichtungen für das Verbrauchsgütergewerbe zuzuwenden. Zunächst ließen sich die Maschinenbauer von ausländischen, vorwiegend englischen Vorbildern leiten. Da für bestimmte Zweige des Verbrauchsgütergewerbes oftmals überhaupt noch keine technischen Lösungen angeboten wurden, übernahmen es einheimische Maschinenbauer, die gewünschten Konstruktionen zu entwerfen und auszuführen. Im unmittelbaren Kontakt zu den Anwendern konnten sie die Wirkungsweise ihrer Erzeugnisse eingehend beobachten. Die genaue Kenntnis der Feinheiten des jeweiligen Fertigungsprozesses und die daraus erwachsenden Anforderungen an die Produktionstechnik erlaubte es ihnen, Neuerungen anzubieten, die nicht nur bei den einheimischen Kunden das Bedürfnis weckte, über solche Maschinen oder Maschinensysteme zu verfügen. Die Sachkunde der thüringischen Spezialmaschinenproduzenten und ihre in der Praxis erprobten Erzeugnisse verschafften ihnen bald eine führende Stellung auf überregionalen Märkten.

Die ersten thüringischen Maschinenbauunternehmen entstanden in der zweiten Hälfte der Vierzigerjahre. 1845 nahm in Gera eine Eisengießerei und Maschinenbauwerkstatt die Arbeit auf. Sie stellte Mahl- und Färbmühlen, Appreturmaschinen, Dampfmaschinen und -kessel, Werkzeugmaschinen, aber auch Öfen und andere gusseiserne Erzeugnisse, darunter Teile für komplette Gasbeleuchtungsanlagen, her. Das Unternehmen, das 1855 100 Arbeitskräfte beschäftigte, betrieb mit einer 6-PS-Dampfmaschine 30 Werkzeugmaschinen, vornehmlich Dreh-, Bohr-, Schleif- und Hobelmaschinen sowie Metallsägen. 1847 errichtete Moritz Jahr in der gleichen Stadt eine Maschinenbauanstalt. 1858 ließ sich Alfred Kühn dort als Maschinenbauer nieder. 1873 begannen August Jahr und 1877 Karl Wetzel mit der Maschinenfabrikation. Sie alle fanden - wie auch die Maschinenbauanstalten in Greiz und Schleiz - ihre Kundschaft vor allem im ostthüringischen Textil- und Textilveredlungsgewerbe. In Altenburg hatten sich Werkstätten auf den Bau von Maschinen zur Handschuhproduktion eingerichtet und in Schmölln wurden Maschinen zur

Knopffabrikation gebaut. Meuselwitzer Maschinenbauanstalten lieferten die Ausrüstung für Braunkohle-Brikettfabriken.

Im Thüringer Wald und seinen Randlagen lag das Schwergewicht des Maschinenbaus auf Ausrüstungen für die Porzellanerzeugung. Die Maschinenbauwerkstätten in West- und Nordthüringen befassten sich anfangs vornehmlich mit Antriebsmaschinen. Zu den leistungsfähigsten Unternehmen dieses Gebietes gehörten die 1861 in Gotha gegründete Firma Briegleb, Hansen & Co., die 1833 bzw. 1847 in Erfurt entstandenen Unternehmen H. Queva & Co. und Christian Hagons, die 1867 in Salzungen eröffnete Firma Jung, Dittmer & Co. sowie die 1885 in Nordhausen errichtete Fa. Schmidt, Kranz & Co. Die aus einer Eisengießerei hervorgegangene Fa. H. Queva & Co. baute insbesondere Turbinen. Die 1857 ins Leben gerufene Fa. Christian Gagans konzentrierte sich auf den Kessel- und Lokomotivbau. Zu den zwischen 1871 und 1900 entstandenen Maschinenfabriken gehörten die Fa. Reinhold Trenck, J. A. Topf & Söhne, die Feuerungs- und Heizanlagen herstellte, die Fa. Mattiaß, Topf & Co., die Mühlen baute. Die Fa. Gebrüder Wolf stellte Kessel her, die Erfurter Maschinenfabrik Franz Bayer & Co. und die Fa. Höhemann & Küchler, seit 1897 Johannisfelder Maschinenfabrik GmbH, fertigten Landmaschinen.

In Zella-Mehlis begründete Heinrich Erhardt 1878 eine Werkstätte für Spezialmaschinen für den Eisenbahnbau. Erhardt suchte nach einem Weg, um nahtlose Hohlkörper aus Stahl fertigen zu können. 1889 fand er ein dazu geeignetes Verfahren, bei dem ein Dorn durch einen warmen Vierkantblock aus Stahl getrieben wurde. Um den Durchschnitt, die Wandstärke und die Länge der Hohlkörper genau bestimmen zu können, fügte Erhardt noch das Ziehverfahren hinzu, bei dem der warme und gelochte Stahlblock durch mehrere Ringe gezogen wurde. Mit dieser grundlegenden Verfahrensinnovation ließen sich Lokomotiv- und Kesselrohre, Stahlflaschen für hochgespannte Gase, aber auch Artilleriegeschosse und Geschützrohre fertigen. Die nach diese Technologie hergestellten Erzeugnisse fanden darum auch einen breiten Anwenderkreis. Sie wurden von Eisenbahn- und Schiffsgesellschaften, Heeres- und Marineverwaltungen, Industrieunternehmen, Kraft- und Wasserwerken verwendet. Ein besonderes Einsatzgebiet eröffnete die Einführung des Schrappnellgeschosses C/91 im deutschen Heer, denn mit dem Erhardtschen Verfahren ließen sich die dafür benötigten Geschosshüllen herstellen.

Der Spezialmaschinenbau zog die Gründung von Werkstätten nach sich, die sich auf den Werkzeugmaschinenbau spezialisierten. Sie hatten ihre Standorte vornehmlich in Gera und Saalfeld. Neben den selbstständigen Maschinenbauanstalten bildeten sich in größeren Unternehmen, die besondere Maschinen benötigten, eigene Maschinenbauabteilungen heraus.

Die Entstehungsgeschichte des thüringischen Maschinenbaus lässt sich durch Angaben einer Erhebung, die Mitte der Zwanzigerjahre des vorigen Jahrhunderts erfolgte, veranschaulichen. Von den 1925 in Thüringen tätigen 36 Maschinenfabriken nahmen vier vor 1860 ihren Betrieb auf. Zehn Fabriken entstanden in den Sechzigerjahren. Acht weitere kamen zwischen 1872 und 1878 hinzu. Bei acht anderen lag das Gründungsdatum zwischen 1883 und 1894 und bei vier Maschinenfabriken nach 1911. Von zwei Maschinenbauanstalten ließ sich das Gründungsdatum nicht ermitteln.

Der Maschinenbau führte zur Errichtung einer größeren Anzahl von Eisen- und Metallgießereien und regte das Metall verarbeitende Gewerbe Südthüringens dazu an, Maschinenwerkzeuge herzustellen.

Mit der Verbreitung des Konfektionsgewerbes und mit der Zunahme der Hausschneiderei wuchs die Nachfrage nach Nähmaschinen, die zunächst durch importierte Maschinen aus England und den USA befriedigt wurde. In den Sechzigerjahren entstanden in Gera und Saalfeld die ersten Unternehmen, die Industrie- und Haushaltsnähmaschinen bauten. 1871 nahmen dann in Altenburg zwei Firmen die Fabrikation von Nähmaschinen auf. 1892 gesellte sich in dieser Stadt eine dritte Nähmaschinenfabrik hinzu. Den thüringischen Unternehmen gelang es, die ausländische Konkurrenz vom deutschen Markt zu verdrängen und mit ihren Maschinen auf die Außenmärkte vorzudringen. Die 1863 gegründete Fa. Wagner & Tittel und die 1875 entstandene Fa. Richard Knoch & Lorenz, beide hatten ihren Standort in Saalfeld, entwickelten sich zu leistungsstarken Nähmaschinenproduzenten.

Die 1862 in Ichtershausen eröffnete Nadelfabrikationsstätte Wolff, Kippenberg & Co., seit 1886 als Kommanditgesellschaft auf Aktien geführt, wurde zu einem weltbedeutenden Unternehmen in dieser Branche. Die Drahtweberei in Saalfeld und Umgebung, die in der ersten Hälfte des 19. Jahrhunderts aufgekommenen war, hatte am Ort ebenfalls einen entsprechenden Maschinenbau angeregt.

Vom Mechanikerhandwerk zur industriellen Fertigung optischer Instrumente, Uhren und mechanischer Instrumente

In der zweiten Hälfte des 19. Jahrhunderts gingen aus dem mechanischen Gewerbe mehrere Industriezweige hervor. Der erste Zweig war die feinmechanisch-optische Industrie, die ihren Ausgang in einer kleinen, von Carl Zeiß im November 1846 in Jena gegründeten feinmechanischen Werkstätte nahm. Zeiß, der anfangs für seinen Beruf typische Arbeiten ausführte, begann 1847 auch Lupenmikroskope zu bauen. Durch die qualitativ hoch stehende Ausführung seiner Beobachtungsinstrumente erwarb er sich unter den Mikroskopikern einen guten Ruf. Um der Konkurrenz, die längst zusammengesetzte Mikroskope anbot, gewachsen zu sein, sah er sich seit 1857 genötigt, gleichfalls derartige Instrumente herzustellen. Da er aber der Ansicht war, dass es möglich sein müsse, die optischen Systeme des Mikroskops zu berechnen, um auf diese Weise deren Elemente mit größerer Sicherheit produzieren zu können, wandte er sich in der zweiten Hälfte der Sechzigerjahre mit seinen Überlegungen an den Physiker Ernst Abbe, der als Privatdozent an der Jenaer Universität lehrte und ein starkes Interesse an den Arbeiten in der Zeiß-Werkstätte zeigte. Abbe, der sich Ende der Sechzigerjahre der Aufgabe, optische Systeme zu berechnen, annahm, gelang es in intensiver Arbeit, den Mikroskopbau auf eine wissenschaftliche Grundlage zu stellen. Die nach der Abbeschen Theorie in der Werkstätte von Carl Zeiß gefertigten Mikroskope fanden bald die Anerkennung der internationalen Fachwelt. Zeiß nahm den Wissenschaftler als stillen Teilhaber in sein allmählich expandierendes Unternehmen auf. Abbe gestaltete in den Achtzigerjahren die Werkstätte zu einer modernen feinmechanisch-optischen Fabrikationsstätte um, deren Belegschaft am Ende dieses Jahrzehnts 300 Arbeiter und Betriebsbeamte zählte. Diese Entwicklung wurde dadurch begünstigt, dass zwischen Abbe und dem Glaschemiker Otto Schott in der ersten Hälfte der Achtzigerjahre ein schöpferisches Arbeitsverhältnis entstand, in dessen Ergebnis es Schott gelang, ein wissenschaftlich fundiertes Verfahren zur Herstellung von optischen Spezialgläsern zu entwickeln. 1884 nahm das Glaswerk Schott & Gen. in Jena die industrielle Erzeugung optischer Spezialgläser auf. Diese Gläser erlaubten es erst, die Vorzüge der von Abbe geschaffenen Theorie im wissenschaftlichen Instrumentenbau voll zur Geltung zu bringen. Unter der Mitarbeit kreativer Wissenschaftler und Ingenieure wurde seit den späten Achtzigerjahren die Erzeugnispalette der Fa. Carl Jena erweitert. Sie umfasste neben den ständig vervollkommneten Mikroskopen optische Messgeräte, fotografische Objektive, astronomische Instrumente, geodätische Instrumente, Brillen und ophthamologische Instrumente. Zu einem Schwerpunkt des Produktionsprogramms wurden seit 1894 optische Erzeugnisse für das Militär: Feldstecher, Zielfernrohre, Periskope usw. Mit der Erweiterung des Produktionsprogramms ging der Ausbau der Fertigungsstätten und die Vergrößerung der Belegschaft einher. Im Juni 1914 beschäftigte das Zeiss-Werk 5.280 Mitarbeiter. Die beiden feinmechanisch-optischen Unternehmen in Jena schufen sich mit ihren Erzeugnissen eine Monopolstellung auf den internationalen Märkten.

Der zweite Zweig, der aus dem mechanischen Gewerbe hervorging, war die industrielle Uhrenherstellung. Sie verdankt ihr Entstehen dem Bestreben eines Inhabers der Fa. Gebrüder Thiel in Ruhla, eine preiswerte und haltbare Taschenuhr auf den Markt zu bringen. 1890 gelang der Versuch, ein für die alltäglichen Anforderungen geeignetes Gangwerk mit einer schlichten Ausführung zu verbinden. Die Taschenuhren, zu einem Ladenpreis von drei Mark angeboten, fanden wegen ihre Funktionstüchtigkeit sofort einen guten Absatz.

Der dritte Zweig bestand aus den Produzenten von Armaturen für Gas- und Wasserleitungen, Dampfkessel, die sich in Altenburg, Gera, Eisenberg, Schleiz und einigen anderen thüringischen Orten niedergelassen hatten.

1906 begann ein Betrieb in Zelle-Mehlis, Rechen- und Schreibmaschinen herzustellen und legte damit den Grundstein für den vierten Zweig der feinmechanischen Industrie in Thüringen.

Produzenten elektrotechnischer Erzeugnisse

Die Elektrifizierung in Deutschland und in anderen europäischen Ländern eröffnete traditionellen Branchen des thüringischen Gewerbes neue Geschäftsfelder. Der Bedarf der Elektroindustrie an Porzellan-, Glas- und Metallartikeln regte einheimische Unternehmen dazu an, sich der Fabrikation elektrotechnischer Erzeugnisse zuzuwenden. In Kloster Veilsdorf, wo seit Mitte des 18. Jahrhunderts Haushalts- und Zierporzellan hergestellt wurde, ging man in den Sechzigerjahren des 19. Jahrhunderts dazu über, technisches Porzellan zu produzieren. Dazu musste das Herstellungsverfahren verändert werden. Die bekannten Formgebungsverfahren Drehen und Gießen brachten bei der Produktion von kompliziert geformten Massenartikeln nicht die nötige Produktivität. Das bisher praktizierte Verfahren, bei dem die plastische Masse in die Form gedrückt wurde, gab man auf. Stattdessen ließ man nun die Masse zunächst in der Luft trocknen, pulverisierte sie danach, feuchtete sie erneut an und presste sie dann in die Form. Die fertigen Artikel, die ohnehin nicht konturiert genug waren, lösten sich nur schwer aus der Form. Diese Schwierigkeit wurde durch einem Zufall behoben. Der Heimarbeiter Neidnich, dem Petroleum in die pulverisierte Masse gelaufen war, stellte beim Entfernen des Artikels aus der Form fest, dass sich die mit Öl getränkte Masse leichter und schöner aus der Form entfernen ließ. Gemeinsam mit seinem Nachbarn, dem Schreinermeister Daniel Pommer, kam Neidnich auch auf die Idee, die Formgebung mittels einer umgebauten hölzernen Kartoffelpresse zu erleichtern. Das führte zur Anwendung eiserner Tritt- und Schlagpressen. Die technologischen Veränderungen erlaubten in Kloster Veilsdorf nun nicht nur die Arbeitsproduktivität zu steigern, sondern auch komplizierter gestaltete Artikel zu fertigen. Ende des Jahrhunderts umfasste das Produktionsprogramm Hoch- und Niederspannungsisolationsmaterial sowie elektrotechnisches Montageporzellan. Ungeachtet der günstigen Auftragslage waren die Inhaber der Kieser & Heubach OHK in Kloster Veilsdorf außer Stande, den Aufbau der neuen Geschäftsfelder mit eigenen Mitteln zu finanzieren. Deshalb entschlossen sie sich, das Unternehmen in eine Aktiengesellschaft umzuwandeln. Dabei fanden sie die Unterstützung des Meininger Bankhauses B. M. Strupp, das sich, dem Vorbild westdeutscher und Berliner Banken folgend, auch dem Industriegeschäft zugewandt hatte. Der Gesellschaftsvertrag über die Porzellanfabrik zu Kloster Veilsdorf AG wurde am 17. Juli

1884 unterzeichnet. Das Geschäft mit technischem Porzellan ermöglichte es dem Unternehmen, in den folgenden Jahrzehnten die Belegschaft von ca. 300 Arbeitskräften im Jahre 1863 auf über 1.000 Beschäftigte, darunter eine größere Anzahl von Heimarbeitern, zu vergrößern.

Das Meininger Bankhaus hatte 1887 die Porzellanfabrik Kahla erworben und einer der Bankiers, Gustav Strupp, beauftragte den früheren Inhaber und nunmehrigen Geschäftsführer dieser Fabrik, Hermann Koch, in Hermsdorf bei Klosterlausnitz ein Zweigwerk für Haushaltsgeschirr aufzubauen. Dieses mit zehn Brennöfen ausgestattete Werk ging Anfang Januar 1890 in Betrieb und fertigte seit 1892 auch Telegraphenglocken. Die modern gestaltete Fabrikationsstätte mit speziellen Ausrüstungen für technische Keramiken, darunter Kleinpressen zum Herstellen von Isolatoren, erlaubte eine effiziente Produktion. Die Lieferung von über 30.000 Isolatoren für die rumänische Telegraphenverwaltung im August 1892 verschaffte dem Hermsdorfer Werk einen guten Ruf in der elektrotechnischen Industrie. Wenig später lieferte das Werk Starkstromisolatoren für den Nord-Ostseekanal in Scharffeuer-Blauglasur sowie Hochspannungsisolatoren für Norwegen und Schweden im Spanungsbereich von 10 bis 15 kV. Von weit reichender Bedeutung war die Zusammenarbeit mit dem Versuchsfeld der Fa. Schuckert in Nürnberg. Dort hatte M. Frise eine neue Form von Hochspannungsisolatoren entworfen, die in Hermsdorf zur Fabrikationsreife gebracht wurden. Diese Stützisolatoren wurden am 11. Januar 1898 in Deutschland patentrechtlich geschützt. Die ersten Delta-Glocken für 7 kV bis 15kV Betriebsspannung wurden nach Italien, Spanien und Schweden geliefert. Die Hermsdorfer führten die Isolatorenentwicklung auf wissenschaftlicher Grundlage weiter. Das ermöglichte es ihnen, die Leistungsfähigkeit der Isolatoren ständig zu erhöhen. 1899 brachte Hermsdorf solche für Betriebsspannungen von 7 kV auf den Markt. Zu dieser Zeit wurden amerikanische Anregungen genutzt und Hängeisolatoren für Betriebsspannungen bis 110 kV hergestellt. 1901/02 richtete man in Hermsdorf in zwei kleinen Räumen ein Hochspannungsprüffeld ein, und seit 1905 konnten Prüfungen auf dem ersten Freiluftversuchsfeld vorgenommen werden. Zwischen 1902 und 1913 wurden insgesamt 11,6 Millionen Isolatoren geprüft.

Der wirtschaftliche Erfolg der Hermsdorfer Filiale der Kahla AG ermunterte zum Ausbau der Fertigungsstätten. Bis 1913 wurde die Anzahl der Brennöfen um 25 erweitert. Zwischen 1890 und 1913 vergrößerte das Unternehmen die Nutzfläche im Hermsdorfer Werk von 3.300 auf 27.000 m^2. Die Belegschaft, die 1898 525 Personen zählte, wuchs bis 1913 auf 1.225 Arbeiter und Angestellte an.

Neben den beiden größeren Unternehmen, die keramische Erzeugnisse für die elektrotechnische Industrie herstellten, produzierte eine Reihe kleinerer thüringischer Firmen Glühbirnen für Taschenlampen, Taschenlampenbatterien, Isolationsmaterial usw.

Der Bau von Straßenbahnen, Flugzeugen und Automobilen

Nach den späten und im Wesentlichen erfolglosen Bemühungen thüringischer Unternehmen, an der technischen Ausrüstung der Eisenbahn mitzuwirken, gelang es einer ganzen Reihe einheimischer Firmen, schon frühzeitig das zweite Innovationsgebiet im Verkehrswesen, die Motorisierung des Straßenverkehrs, mitzugestalten.

Der Schlossermeister Fritz Bothmann, der seit 1883 in Gotha Karussells, Luftschaukeln, Wohn- und Möbelwagen herstellte, wandte sich gemeinsam mit einem 1889 in das Geschäft eingetretenen Teilhaber 1894 dem Bau von Straßenbahnwagen für seine Heimatstadt zu. Vier Jahre später, 1898, wurde das nun unter Bothmann & Glück firmierende Unternehmen in die Gothaer Wagonfabrik AG umgewandelt. Das mit einem modernen Maschinenpark ausgestattete Werk baute Straßenbahnen, Eisenbahnwagen, Karosserien und weiterhin

Karussells. Die Qualität der Produkte erlaubte ein reges Exportgeschäft. Die Leitung des Unternehmens war mutig genug, sich dem innovativen Gebiet des Flugzeugbaus zuzuwenden. In der Gothaer Wagonfabrik AG wurde ein Eindecker mit einem wassergekühlten 70-PS-Motor - die Gothaer Taube - konstruiert, der zum Beginn des Ersten Weltkriegs das Standardflugzeug des Militärs war. Während des Krieges entstand in Gotha das Großkampfflugzeug G.V., mit dem 1917 London angegriffen wurde.

Friedrich Hering, der seit 1888 in Ronneburg eine Fabrik für Fahrradteile betrieb und 1898 das Produktionssortiment u.a. auch auf Kugellager, Autoachsen und Räder erweitert hatte, nahm 1901 die Automobilfertigung auf. Zunächst baute er Fahrzeuge nach französischem Vorbild und mit Motoren, die er aus Frankreich importierte. Aber schon bald vervollkommnete der Ronneburger die Konstruktion des Fahrzeugs. 1903 wurden die deutschen Fafnir-Einbaumotoren in die robusten und zweckmäßigen Fahrzeuge mit dem Markenzeichen Rex Simlex eingebaut. 1904 übernahmen Herings Söhne die Unternehmensleitung, zu denen sich Carl Richard gesellte. Im Automobilwerk Hering & Richard, das 1906 insgesamt 300 Automobile fertigte, entstand 1907 eine eigene Motorenkonstruktion. 1911 gewann das inzwischen in eine Aktiengesellschaft umgewandelte Unternehmen den erfahrenen Konstrukteur Ernst Valentin zur Mitarbeit. Das Produktionsprogramm umfasste neben Automobilen auch Maschinen und Halbzeuge.

In Gera befasste sich Friedrich Erdmann, der seit 1861 eine Maschinenfabrik führte, zwischen 1904 und 1908 mit dem Bau von Automobilen. Obgleich Erdmann den Friktionsantrieb für Kraftwagen konstruiert hatte und patentiert bekam, musste er den Autobau aufgeben.

In der von Rudolf Ley 1856 in Arnstadt gegründeten mechanischen Werkstatt, die Sondermaschinen, insbesondere für die Schuhfabrikation, herstellte, konstruierte einer der Söhne, er hatte Maschinenbau und Elektrotechnik studiert,

1905 einen Motorwagen. 1906 verließen die ersten Kleinwagen mit einem wassergekühlten Vierzylinder 9/10-PS-Reihenmotor die Werkstatt. 1908 bot das Arnstädter Unternehmen ein Fahrzeug mit einem 2,6-Liter-Motor an, der mit dem Getriebe verblockt war. Das Automobil fand einen guten Absatz. Das seit 1909 als Aktiengesellschaft geführte Unternehmen ging 1912 zum Bau von Lieferwagen und leichten Lastkraftwagen über. 1912 waren für die Rudolf Ley AG 1.200 Arbeiter und Angestellte tätig.

In der von Albert Ruppe 1857 in Apolda ins Leben gerufenen Maschinenfabrik, die u.a. Landmaschinen baute, wurden seit 1903 Fahrräder, die mit Hilfsmotoren versehen waren, fabriziert. Ruppes Sohn hatte die Technische Hochschule in Ilmenau absolviert und während seines Studiums ein Motorrad konstruiert. 1904 baute das Unternehmen einen Kleinwagen, der mit einem luftgekühlten 5-PS-Viertaktmotor ausgerüstet war. Die ausgezeichnete Qualität, der niedrige Verkaufspreis und die Tatsache, dass das Fahrzeug in eine günstige Steuerklasse fiel, verhalfen dem Unternehmen zu einem wirtschaftlichen Erfolg. 1908 erfolgte die Umwandlung des Unternehmens in eine Aktiengesellschaft, die seit 1912 unter Apollo-Werke AG firmierte. Unter der technischen Leitung des 1912 für die Aktiengesellschaft gewonnenen Konstrukteurs Karl Slevogt wurde das Automobilangebot zu Gunsten größerer Wagen mit wassergekühlten Motoren erweitert.

Das unstete Militärgeschäft veranlasste die Gebrüder Simson in Suhl 1907, den Bau von Zivilfahrzeugen aufzunehmen. 1908 kam zunächst nur die Konstruktion eines unvollkommenen Kleinwagens zu Stande, erst nachdem im gleichen Jahr ein erfahrener Konstrukteur tätig wurde, konnten im Automobilbau allmählich Fortschritte erzielt werden. 1912 gelang mit einem 18 PS Fahrzeug der Anschluss an den allgemeinen Entwicklungsstand in der Branche.

Heinrich Ehrhardt errichtete 1896 in Eisenach die Fahrzeugfabrik Eisenach AG, in der 1897 neben Munitionswagen

Fahrräder, Räder, Maschinen usw. produziert wurden. Das unsicher gewordene Fahrradgeschäft legte den Gedanken nahe, es mit dem Automobilbau zu versuchen. Ein 1898 für zivile Zwecke hergestellter zweisitziger Kutschwagen erwies sich als unverkäuflich. Darum erwarb Ehrhardt im gleichen Jahr von einer französischen Firma die Lizenz für ein Dreirad, das den Markennamen Wartburg-Motorwagen erhielt und zu einem Verkaufserfolg wurde. Ehrhardt übernahm auch die französischen Weiterentwicklungen dieses Fahrzeugs, legte aber bald auch Wert auf eine eigene Konstruktion. Sie lag 1902 in einem Vierzylinderwagen vor. Als Erhardt 1904 aus der Unternehmensführung ausschied und die französischen Lizenzen in ein neugegründetes Unternehmen mitnahm, sah sich die neue Geschäftsführung der Aktiengesellschaft genötigt, ein neues Automobil herauszubringen. Sie gewann zwei Ingenieure zur Mitarbeit, die entscheidend dazu beitrugen, dass das Unternehmen auf der Frankfurter Automobilausstellung im Jahre 1905 einen Wagen mit einem Einzylinder-Motor und einem Zweiganggetriebe vorstellten konnte. In der Folgezeit entstanden dann in Eisenach auf der Grundlage eines Baukastensystems leichte Ein- und Zweizylinderwagen und Vierzylinder-Tourenwagen. Die Eisenacher Modelle, die unter dem Markenzeichen Dixi fuhren, fanden die Anerkennung der in- und ausländischen Fachwelt. Die wachsende Nachfrage nach kleineren Wagen veranlasste das Unternehmen 1908, den R 8 zu entwickeln und anzubieten. Neben den Personenkraftwagen baute man in Eisenach seit 1904 auch Lastkraftwagen und seit 1905 Omnibusse. 1907 zählte die Belegschaft des Unternehmens 1.127 Personen. Um den Unsicherheiten im Automobilgeschäft zu begegnen, erweiterten die Eisenacher die Produktpalette, insbesondere durch die Aufnahme von landwirtschaftlichen Maschinen.

Die Finanzierung der thüringischen Automobilunternehmen basierte anfangs auf Eigenmitteln, die sie zumeist auf anderen Geschäftsfeldern realisiert hatten. Später zog man durch die Umwandlung der Firmen in Aktiengesellschaften in einem wachsenden Maße Fremdkapital heran, das in der Regel nicht in Thüringen aufgebracht worden war.

Das neue Verkehrsmittel fand in Thüringen aus unterschiedlichen Gründen nur sehr allmählich Zuspruch. Die hohen Anschaffungskosten der Fahrzeuge, ihrer technische Anfälligkeit, die Unzulänglichkeiten der Straßen, der Widerstand gegen das Automobil und das Erheben von Chausseegeld in verschiedenen thüringischen Staaten hielten manch Interessierten vom Kauf eines Automobils ab. 1907 liefen in den thüringischen Staaten 431 Kraftfahrzeuge, darunter drei Lastwagen. Bis 1914 hatte sich die Anzahl der Kraftfahrzeuge auf 1.963 erhöht. Davon waren 121 Lastkraftwagen. Motorräder gab es 1907 213 und 1914 569. Anfangs waren es Industrielle, Land- und Tierärzte, die sich aus beruflichen Gründen ein Automobil zulegten. 1907 wurden 39 Prozent der Autos beruflich genutzt. Daneben spielte das sportliche Interesse am Auto sowie das Freizeitverhalten begüterter Kreise eine Rolle. Allmählich nutzte man das Automobil auch zur öffentlichen Personenbeförderung. 1909 nahm die Omnibuslinie Jena-Apolda den Verkehr auf. Später kamen derartige Verkehrsverbindungen in die Ferienorte des Thüringer Waldes hinzu. Von besonderer Bedeutung war die Einrichtung der ersten Kraftpostlinien zwischen Schleiz-Lobenstein und Lobenstein-Gesell im Frühjahr 1912. 1914 unterhielt die Post 21 derartige Verbindungen in Thüringen.

Die Maximilianshütte in Unterwellenborn

Nachdem die schwarzmetallurgische Industrie in Thüringen in den ersten Jahrzehnten des 19. Jahrhunderts nahezu vollständig aufgegeben worden war, lebte sie Ende der Sechzigerjahre wieder auf, denn 1869 erwarb die Eisenwerksgesellschaft Maximilianshütte, die im oberpfälzischen Haidhof ein Hüttenwerk betrieb, die Gewerkschaft Vereinigte Reviere und andere Grubenfelder im Kamsdorf-Könitzer Revier.

Die Gesellschaft, die Eisenbahnschienen vornehmlich für die bayerische Eisenbahn produzierte und den erforderlichen Stahl im Bessemer-Verfahren erzeugte, verfügte nicht über die dafür erforderlichen phosphorarmen Erzvorkommen. Da der im Kamsdorf-Könitzer Revier liegende Braun- und Spateisenstein phosphorarm war entschloss sich die Unternehmensleitung der Eisenwerksgesellschaft, in unmittelbarer Nähe der Vorkommen ein Hüttenwerk zu errichten. Sie wurde dazu auch durch den geplanten Bau einer Eisenbahnlinie ermuntert. Zum Standort des Hochofenwerkes wählte sie das an der vorgesehenen Bahnlinie liegende Dorf Unterwellenborn. Der erste Hochofen wurde am 7. Juni 1873 angeblasen. Ein zweiter Hochofen ging 1878 in Betrieb. Die Masseln des in Unterwellenborn erzeugten Bessemer-Roheisens wurden mit der Eisenbahn nach Haidhof transportiert und dort weiterverarbeitet. Die dadurch entstehenden hohen Kosten regten dazu an, das Roheisen in Unterwellenborn zu verarbeiten. Aus diesem Grunde verlegte das Unternehmen 1878 das Bessemerstahlwerk nach Unterwellenborn. Nach einer Übergangszeit, in der - wie in Haidhof auch - die Roheisenmasseln in Kupolöfen wieder erwärmt und dann der Bessemerbirne zugeführt wurden, wählte man in Unterwellenborn die direkte Konvertierung. Dieses neuartige Verfahren, bei dem das warme Roheisen sofort in der Bessemerbirne zu Stahl verarbeitet wurde, wandte man in Deutschland bisher nur in Dortmund-Hörde an. Die Weiterverarbeitung des Bessemer-Stahls erfolgte weiterhin in Haidhof. Neben dem Bessemer-Roheisen erzeugte die Unterwellenborner Hütte auch Spiegeleisen, das wegen seines hohen Mangangehaltes zu den gesuchten Sondereisen in Deutschland gehörte. Um die beträchtlichen Produktionskosten zu senken, die durch die räumliche Trennung von Stahlerzeugung und -verarbeitung entstanden, lag es nahe, den metallurgischen Zyklus zu schließen und auch die Eisenbahnschienen in Unterwellenborn auszuwalzen. Da aber die bayerische Eisenbahnverwaltung nur Schienen aus bayrischen

Werken abnahm, sah sich die Leitung der Eisenwerksgesellschaft zu einem unvorteilhaften Kompromiss genötigt. Sie errichtete 1880 in Unterwellenborn eine Trio-Blockwalzstraße. Die auf dieser Straße gewalzten Knüppel wurden, auf Schienenlänge geschnitten, in Haidhof fertiggewalzt. 1882 kam ein dritter Hochofen, ein freistehender Schacht, zur Aufstellung. Zur besseren Wärmewirtschaft ersetzte man 1886 die veralteten eisernen Posenbatterien durch die ersten steinernen Winderhitzer. Diese Neuerung trug wesentlich zur Senkung der Kosten bei, die der Antransport von Brennstoffen aus dem Westfälischen verursachte.

Als die in der unmittelbaren Umgebung des Unterwellenborner Werkes liegenden Erzvorkommen zur Neige gingen, verlagerte die Unternehmensleitung den Schwerpunkt der Erzgewinnung nach Schmiedefeld, Wittmannsgereuth und Eisenberg. Dort hatte sie sich schon 1866 Erzfelder gesichert. Zwischen 1888 und 1890 kaufte sie in diesem Revier weitere Vorkommen an. In der Grube Schmiedefeld entstand eine Röstanlage zur Anreicherung des Eisengehalts auf 43 bis 46 Prozent. Nach der Eröffnung der Eisenbahnverbindung von Taubenbach nach Unterwellenborn im Jahre 1899 konnte auf den aufwändigen Erztransport mit Pferdefuhrwerken verzichtet werden. Da aber die neuerschlossenen Vorkommen phosphorreiche Erze enthielten, ließ sich das Bessemer-Verfahren in Unterwellenborn nicht weiterführen. Aus der Sicht der Eisenwerksgesellschaft erwies es sich als zweckmäßig, in Unterwellenborn nur noch Roheisen zu erzeugen. Das Bessemerwerk und die Trio-Blockstraße wurden am 1. Juli 1898 stillgelegt. Da sich aber die neuen Vorkommen zur Erzeugung von Thomas-Stahl eigneten, entschied die Leitung der Eisenwerksgesellschaft, das Hochofenwerk in Unterwellenborn zu modernisieren. Dieses Vorhaben konnte im Oktober 1898 abgeschlossen werden. Das Unterwellenborner Werk produzierte in den folgenden Jahrzehnten nur Thomas-Roheisen, das, in Masseln vergossen, im König-Albert-Werk in Lichtentanne bei Zwickau zu Thomas-Stahl verblasen wurde. Während des Ersten Weltkrieges entstand der Plan, das Hochofenwerk durch eine moderne Gasmaschinenzentrale zu ergänzen und erneut ein Stahl- und Walzwerk zu errichten.

Braunkohlenindustrie in Ostthüringen

Im Altenburger Ostkreis ging seit der ersten Hälfte des 19. Jahrhunderts der Braunkohlenbergbau um. Mitte der Sechzigerjahre förderten rund um Meuselwitz und Rositz 80 kleine Gruben Braunkohle im Tiefbau, die als Rohkohle oder in Form von Nasspresssteinen auf dem lokalen Markt abgesetzt wurde. Der niedrige Heizwert der Rohbraunkohle und die geringe Standfestigkeit der Nasspresssteine zogen der Verwendung dieses Brennstoffs enge Grenzen. Erst mit der mechanischen Veredelung der Rohbraunkohle erhielt die Braunkohle eine wirtschaftliche Perspektive.

Der Braunkohlentiefbau erlaubte keine nennenswerte Technisierung. Um die Braunkohlenförderung aber zu steigern, ging man im Altenburger Revier in den Achtzigerjahren ebenfalls zum Tagebau über. Der Einsatz von technischen Hilfsmitteln begann im Abraumbetrieb. Zum Abtragen des über den Kohlenflözen liegenden Deckgebirges wurden zunächst Löffelbagger, später Eimerkettenbagger unterschiedlicher Konstruktion eingesetzt. Der Antrieb der Bagger erfolgte anfangs durch Dampfmaschinen, die in den Neunzigerjahren durch Elektromotoren abgelöst wurden. Zum Abtransport des Abraums dienten bald von Dampflokomotiven gezogene Abraumwagen. Mit der Elektrifizierung der Braunkohlenwerke lösten Elektrolokomotiven die Dampflokomotiven ab. Im Grubenbetrieb setzte die Technisierung mit dampfgetriebenen Ketten- oder Seilbahnen ein, die die von Hand gewonnene Kohle von den Abbauorten auf die Kohlenböden der Brikettfabriken brachten. Nach und nach hielten auch im Grubenbetrieb elektrisch betriebene Löffel- und Eimerkettenbagger Einzug.

Die zunehmende Mechanisierung des Braunkohlenbergbaus korrespondierte mit den Fortschritten in der mechanischen Kohleveredelung. Die Verwendung der 1858 zur Brikettierung von Torf konstruierten Strangpresse zum Herstellen von Braunkohlenbriketts führte zunächst zu kleinen Anlagen, in denen feinkörnig getrocknete Kohle brikettiert werden konnte. Im Altenburger Revier wurde 1873 die erste Brikettpresse in Betrieb genommen.

Die kommerziellen Möglichkeiten, die der Abbau und die Veredelung von Braunkohle in den Siebzigerjahren erkennen ließen, bildeten den Anreiz zur Errichtung größerer Bergbauunternehmungen im Altenburger Revier. 1872 wurde das Zechauer Braunkohlenwerk gegründet, das die Vorkommen südlich von Meuselwitz und nördlich von Altenburg erschloss und abbaute. Nach der Umwandlung dieses Unternehmens in eine Aktiengesellschaft im Jahre 1898 beteiligten sich auch Großbanken an dessen Finanzierung. 1906 gründete die Gesellschaft, unterstützt von der Nationalbank für Deutschland und dem A. Schaffhausenschen Bankverein, die Oberlödlaer Bergbaugesellschaft Ernst Herzog. 1912 vereinigten sich das Zechauer Braunkohlenwerk, die Oberlödlaer Bergbaugesellschaft, die Braunkohlen AG Union in Kriebitzsch und die Braunkohlengrube AG Grube Ernst in Altpoderschau zum Zechau-Kriebitzscher Kohlenwerk Glückauf, das 1918 in die Anhaltischen Kohlenwerke aufging. 1873 entstand das Rositzer Braunkohlenwerk, seit 1875 Aktiengesellschaft, dem sich seit Ende der Neunzigerjahren andere Braunkohlenunternehmen anschlossen. Um die Kohlenfelder bei Haselbach auszubeuten, gründete das Rositzer Werk die Kohlenverwertungs GmbH Herzogin Adelheid. 1916 übernahm dann die Deutsche Erdöl AG, die ihren Sitz in Berlin hatte, die Aktienmehrheit des Rositzer Unternehmens. Seit 1912 griff die Phönix AG für Braunkohlenverwertung vom preußischen Gebiet aus auf das Altenburger Revier über. Die im Altenburger Revier tätigen Braunkohlenwerke schlossen sich 1884 zu einem Preiskartell zusammen, das 1890 gefestigt wurde und 1904 dem Preisverein der mitteldeutschen Braunkohlenwerke beitrat. 1907 bildete sich der Verkaufsverein der thüringischen Braunkohlenwerke, in dem sich die beteiligten Unternehmen über die Förderquoten und die Modalitäten des Absatzes verständigten. Beide Vereine gingen in die Mitteldeutsche Braunkohlensyndikat GmbH ein, die 1910 ins Leben trat.

Der Aufbau der Braunkohlenindustrie in Thüringen spiegelte sich in der wachsenden Rohkohlenförderung wider. Sie stieg von 251.337 t im Jahre 1870 auf 2.879.532 t im Jahre 1890 und lag 1913 bei 6.917.766 t. Die Briketterzeugung wuchs von 470.794 t im Jahre 1890 auf 2.035.467 t an, demgegenüber sank im gleichen Zeitraum die Nasspresssteinherstellung von 113.322 t auf 47.508 t. Die Anzahl der in der thüringischen Braunkohlenindustrie beschäftigten Arbeitskräfte erhöhte sich von 1.141 im Jahre 1870 auf 5.534 im Jahre 1913.

Die Kaliindustrie

Seit Mitte des 19. Jahrhunderts hatten in Deutschland die Erkenntnisse über die positive Wirkung von Mineraldünger auf das Pflanzenwachstum zugenommen. Aufgeschlossene Landwirte gingen immer mehr dazu über, die Methoden der Felddüngung zu vervollkommnen. Nachdem sich in den achtziger Jahren erwiesen hatte, dass der Einsatz von Kalidünger auf leichten Böden zu besseren Erträgen führt, kam es in den neunziger Jahren zu einer allgemeinen Anwendung dieses Düngemittels in der Landwirtschaft. Der Verbrauch von Reinkalidünger nahm zwischen 1899 und 1910 in der deutschen Landwirtschaft von 23.455 auf 359.516 t zu. Das war eine der Triebfedern für die Erschließung und den Abbau der Kalisalzvorkommen in Thüringen, auf die man 1856 beim Abteufen von Schächten zur Steinsalzgewinnung in Staßfurt gestoßen war und die seit 1861 förderten.

Die zweite Triebfeder bestand in den Fortschritten in der chemischen Wissenschaft und der Industrie. Das von Ernest Solvay 1861 entwickelte Ammoniak-Verfahren benötigte mehr Salz als das verbreitete Leblanc-Verfahren. Darum entstanden Fabrikationsstätten für das Solvay-Verfahren in der Nähe von Salzlagerstätten. Durch die Vervollkommnung der Technologie gelang es, die Abprodukte im Kreislauf zu verwerten. Lediglich Kalciumchlorid ließ sich zu dieser Zeit nicht nutzen und wurde ins Abwasser geleitet. In den Neunzigerjahren entstand die Chlor-Alkali-Elektrolyse. Das wachsende Angebot von Elektroenergie und das damit verbundene Absinken der Energiepreise gestatteten, dieses elektrochemische Verfahren wirtschaftlich zu gestalten. Beim Solvay-Verfahren fiel, anders als beim Lablanc-Verfahren, kein Chlorwasserstoff an, sodass das Angebot von Chlor knapper und damit teuer wurde. Davon war auch die Chemische Fabrik Griesheim betroffen. Deren Chemiker schlugen deshalb den Weg zur Chlor-Alkali-Elektrolyse ein. In den Elektrolysebehältern wurden Kaliumchlorid- oder Kochsalzlösungen in Chlor, Kalilauge und Wasserstoff zersetzt. Kalilauge wurde zur Herstellung von Kernseife genutzt. Kaliumcarbonat fand in der Glasherstellung Verwendung. Kaliumchlorid bildetet den Ausgangsstoff für die Zündköpfe von Streichhölzern. Um zu verhindern, dass sich das Chlor wieder mit den Ausgangsstoffen verbindet, besaßen die Behälter eine Trennwand, die den Ionentransport erlaubte, die entstehenden Stoffe aber trennte. Nach diesem Verfahren richteten mehrere Unternehmen in Mitteldeutschland große Produktionsstätten ein.

Ende der Achtziger- und Anfang der Neunzigerjahre ließ der preußische Staat umfangreiche Erkundungsarbeiten auf Kalivorkommen zwischen Nordhausen und Bleicherode, insbesondere aber bei Hochstett und Kehmstett, ausführen. Das erste Bergbauunternehmen, das im Thüringischen diesen Rohstoff abbaute, entstand bei Sondershausen. Dort hatte der Dortmunder Bergwerksunternehmer Brüggemann am 2. Februar

1893 die Gewerkschaft Glückauf gegründet und den ersten Schacht niederbringen lassen. An diesem Unternehmen beteiligten sich auch der A. Schaffhausensche Bankverein und der Staat Schwarzburg-Sondershausen. Die Förderung konnte 1896 aufgenommen werden. Seit 1910 kam es zu einer starken Erweiterung der Produktionsanlagen. 1914 verfügte die Gewerkschaft über sechs Schächte und eine chemische Fabrik zur Rohsalzverarbeitung.

1894 setzte der Kalibergbau im Werragebiet mit der Gründung der Bohrgesellschaft der Gewerkschaft Großherzog von Sachsen in Dietlas und der Gewerkschaft Kaiseroda ein. In Kaiseroda, wo die Teufarbeiten 1895 begannen, stieß man in 310 bis 360 Meter Tiefe auf zwei abbauwürdige Kalilager von drei bis fünf Meter Mächtigkeit, die seit 1901 abgebaut wurden. In Dietlas wurde 1898 der erste Schacht niedergebracht.

Das wachsende Interesse am Abbau der Kalivorkommen veränderte die Einstellung der thüringischen Staaten zur Bergbaufreiheit, die sie im Gefolge des preußischen Berggesetzes von 1865 ebenfalls eingeführt hatten. Lediglich das Fürstentum Reuß älterer Linie hatte das Bergregal nicht aufgehoben. Zwischen 1894 und 1907 legten Sachsen-Meiningen, Gotha, die Schwarzburger Fürstentümer, Sachsen-Altenburg und Reuß jüngerer Linie die Hand wieder auf die Kalisalzvorkommen und behielten sich das Recht vor, Vereinbarungen über den Abbau dieses Rohstoffes mit den interessierten Unternehmen zu treffen.

Bis zum Beginn des Ersten Weltkrieges waren die Kalivorkommen in den Staaten und preußischen Gebieten Thüringens weitgehend erkundet. Die Anzahl der Bergbauunternehmen hatte zugenommen. Allein im thüringischen Teil des Werrareviers wurden 21 Schächte betrieben. Die auf das Montangeschäft spezialisierten deutschen Großbanken, der A. Schaffhausensche Bankverein in Köln, S. Bleichröder in Berlin, Sol. Oppenheimer jr. in Köln, hatten die Entstehung und Entwicklung des neuen Industriezweiges finanziell begleitet.

Die thüringischen Staaten, in denen der Kalibergbau umging, beteiligten sich ebenfalls an der Finanzierung der Unternehmen und profitierten von deren Erträgen.

Die rasche Entwicklung der deutschen Kaliindustrie hatte zu Überkapazitäten geführt, die die Unternehmen schon in der zweiten Hälfte der Neunzigerjahre zu Preisnachlässen zwangen. Um dieser Tendenz zu begegnen, fanden sich die deutschen Kaliproduzenten 1900 zu einem Syndikat zusammen, an dem sich auch die thüringischen Werke beteiligten. Auf Grund von Gegensätzen innerhalb der deutschen Kaliindustrie wurde 1909 der Syndikatsvertrag nicht verlängert. Um aber das Monopol aufrecht zu erhalten, griffen staatliche Behörden ein und bereiteten in Zusammenarbeit mit Kaliunternehmen das Reichskaligesetz vor, dessen Ziel es war, ein Zwangssyndikat zu errichten. Die thüringischen Staaten stimmten dem im Februar 1910 im Bundesrat auf der Tagesordnung stehenden Gesetz zu. Ihre Bedenken, das Gesetz könnte ihre Souveränität in der Berggesetzgebung beeinträchtigen, wurden von den mittel- und unmittelbaren fiskalischen Interessen an einem sicheren Kaligeschäft verdrängt. Nach dem Reichskaligesetz galten auch für die thüringischen Kaliunternehmen verbindliche Produktionsquoten.

Die in Thüringen liegenden Kaliwerke förderten 1913 mit 5.078 Arbeitskräften 11,6 Millionen Tonnen Kali, deren Wert sich auf 24,8 Millionen Mark belief. Der Kalibergbau in den thüringischen Staaten trug 18 Prozent zur Gesamtkaliförderung im Deutschen Reich bei. An der thüringischen Kaliförderung waren im Jahre 1921 das Südharzrevier mit 47 Prozent und das Werrarevier mit 53 Prozent beteiligt.

12. Der Ausbau der Rüstungsgüterproduktion

Zwischen der Mitte des 19. Jahrhunderts und dem Ersten Weltkrieg gewann die Rüstungsindustrie in den Staaten und preußischen Gebieten Thüringens eine wachsende Bedeutung. Zu den traditionellen Zentren der Waffenproduktion im Thüringer Wald, die weiter ausgebaut wurden, kamen - wie schon das Beispiel der Optischen Werkstätte in Jena zeigte - neue Unternehmen hinzu.

In Erfurt war die 1858 gegründete Königliche Gewehrfabrik das bedeutendste industrielle Unternehmen, in dem seit 1871 intensiv an einem leistungsfähigen Infanteriegewehr gearbeitet wurde, dessen Entwicklung so dringlich geworden war, weil sich im Deutsch-Französischen Krieg gezeigt hatte, dass das französische Chassepotgewehr dem deutschen Zündnadelgewehr überlegen war. Die Einführung des Infantriegewehrs 71 in den deutschen Streitkräften brachte dem Erfurter Unternehmen große Aufträge, die zu einer Produktionssteigerung bis auf 60.000 Stück im Jahre 1876 führten. Das war nur durch die Erweiterung der Produktionskapazitäten in den Jahren 1872 und 1876 möglich. Die Übernahme des neukonstruierten Infantriegewehrs 88 in die Armee bedingte einen weiteren Ausbau der Königlichen Gewehrfabrik, die in den neunziger Jahren bis zu 2.600 Menschen beschäftigte. Im Juli 1914 waren in diesem Staatsunternehmen 1.374 Arbeiter und Angestellte tätig.

Nachdem der preußische König Ende der vierziger Jahre die Ausrüstung seiner Armee mit Zündnadelgewehren befohlen hatte, wurde auch die Gewehrfabrik in Sömmerda mit der Produktion der neuen Schusswaffe beauftragt. Nicolaus von Dreyse, der auch den Zündnadelkarabiner für die Kavallerie, und das Zündnadelfüsiliergewehr konstruiert hatte - beide Waffen wurden 1858 bzw. 1860 in der Truppe eingeführt - erhielt die entsprechenden Aufträge. Das veranlasste ihn, das Unternehmen zu vergrößern. Nachdem sich das Mausergewehr gegenüber dem Zündnadelgewehr als die bessere Waffe erwiesen hatte, ließ das Interesse der Militärverwaltung am Sömmerdaer Unternehmen stark nach. Franz von Dreyse, der Sohn des Firmengründers, verbreiterte seit den Siebzigerjahren das Fertigungsprogramm, in dem nun auch hochwertige Jagdwaffen, Brücken, landwirtschaftliche Maschinen, Werkzeugmaschinen, Müllereimaschinen und Fahrräder produziert wurden. Dazu richtete er eine Eisengießerei und eine Maschinenfabrik ein. Der junge von Dreyse wollte das Unternehmen offensichtlich von einer einseitigen Bindung an das unstete Waffengeschäft lösen. Mit diesem Konversionsprozess ging eine starke Reduzierung der Belegschaft von 1.500 Personen im Jahre 1875 auf 300 Arbeiter und Angestellte im Jahre 1895 einher. 1899 wurde das Unternehmen in die Munitions- und Waffenfabriken Sömmerda AG, vorm. von Dreyse Aktiengesellschaft umgewandelt. An dieser Gesellschaft zeigte Heinrich Erhardt Interesse, der 1889 mit Geschäftspartnern die Rheinische Metallwaaren- und Maschinenfabrik in Düsseldorf ins Leben gerufen hatte, die das Mantelgeschoss M 88 für das Infanteriegewehr herstellte. Da die Armee die Lieferung kompletter Munition verlangte, die Munitionsfabriken aber diese Forderung nicht erfüllen konnten oder wollten, wandte sich Erhardt nach Sömmerda, um die dortigen Erfahrungen in der Zünderherstellung zu nutzen. Anfang 1899 kam es zu Geschäftsbeziehungen zwischen Sömmerda und allen Firmen, deren Produkte für die Herstellung von kompletter Munition nötig waren. Ende März 1901 übernahm dann die Rheinmetall die Sömmerdaer Aktiengesellschaft, deren Fertigungsprogramm nach der Modernisierung und Erweiterung der Produktionsanlagen auf die Munitionsfabrikation ausgerichtet wurde. Seit 1902 wurden in Sömmerda auch Maschinen für die Zünderherstellung gebaut und Visiereinrichtungen für die Artillerie produziert. Die Belegschaft wuchs zwischen 1899 und 1913 von 400 auf 1.200 Personen an.

In Suhl gründeten die Gebrüder Simson eine Fabrikationsstätte für Gewehrläufe und Ladestöcke. Die preußischen Militäraufträge führten zum raschen Ausbau des Unternehmens, das 1904 1.200 Menschen beschäftigte. Seit 1907 stellte man Militärfahrzeuge, Vorderwagen für Feldartilleriegeschütze und Munitionswagen her.

13. Der Aufbau einer leistungsfähigen Energiewirtschaft

Die städtischen Gaswerke

Für die Lebensqualität der Einwohnerschaft und für die wirtschaftliche Entwicklung in den Staaten und preußischen Gebieten Thüringens war es außerordentlich bedeutsam, dass die neuen energietechnischen Möglichkeiten, die sich seit der Mitte des Jahrhunderts boten, zügig genutzt wurden.

1852 entschloss sich die Stadtverwaltung von Gera als Erste in den thüringischen Staaten, das aus Wasserstoff, Methan und Kohlenmonoxyd bestehende Brenngas in einer stadteigenen Gasanstalt industriell zu erzeugen und in der Stadt die Voraussetzungen für die Nutzung dieser Energieform in Gewerbebetrieben und Haushalten zu schaffen. Dem Geraer Beispiel folgten in den Fünfziger- und Sechzigerjahren 18 andere thüringische Ortschaften. Um den Bau und Betrieb von Gaswerken zu finanzieren, schlugen die Kommunalverwaltungen zwei Wege ein. Ein Teil von ihnen errichtete zwischen 1857 bis 1874 Gasanstalten auf eigene Rechnung. Dazu gehörten Sondershausen, Ronneburg, Jena, Eisenach, Gößnitz, Schmölln, Schleiz, Saalfeld und Rudolstadt. Andere Städte überließen es Kapitalgesellschaften, gaswirtschaftliche Unternehmen zu gründen und zu betreiben. So nahm die Dessauer Continental-Gasgesellschaft 1858 das Gaswerk in Gotha zunächst in Pacht, um es dann 1871 zu erwerben. Die Gasbereitungsgesellschaft Apolda, später Thüringische Elektrizitäts- und Gas-Werke AG, errichtete zwischen Mitte der Fünfziger- und Anfang der Sechzigerjahre die Gasanstalten in Weimar, Erfurt, Meiningen, Sonneberg und Apolda. Die Thüringer Gas-Gesellschaft Hildburghausen erbaute in

Zusammenarbeit mit der Fa. Gebr. Westerholz im gleichen Zeitraum Gaswerke in Waltershausen, Arnstadt, Suhl und Hildburghausen. Auch das in Altenburg zwischen 1854-1856 errichtete Gaswerk wurde von einer Gesellschaft betrieben. In Ilmenau belieferte das 1887/88 von einem Industrieunternehmen erbaute Ölgaswerk auch die Gemeinde.

Eine wichtige Voraussetzung für den Bau von Gasanstalten in den einzelnen Städten war deren Anschluss an das Eisenbahnnetz, der es ermöglichte, kostengünstig Gaskohle heranzutransportieren.

Nachdem die Erfindung des Glühstrumpfes durch Auer von Welsbach im Jahre 1892 gestattete, Heizgas für die Gasbeleuchtung zu nutzen, und sich Gas zum Kochen in den privaten Haushalten verwenden ließ, setzte in den thüringischen Städten eine zweite Welle von Gaswerksbauten ein. Zwischen 1897 und 1913 ließen 20 weitere Städte Gaswerke bauen. Dabei dominierten die kommunalen Gründungen. Das traf auf die zwischen 1898 bis 1910 in Zeulenroda, Eisenberg, Pößneck, Schlotheim, Friedrichsroda, Altenfeld, Schalkau, Ruhla und Wallendorf gegründeten Werke zu. Das Wallendorfer Gaswerk war ein Zweckverband von fünf Gemeinden. Gesellschaften bauten zwischen 1897 und 1908 in Schmalkalden, Cölleda, Ichtershausen, Langenwiesen-Gehren. In Gera wurde ein zweites Gaswerk 1907 von der Thüringischen Elektrizitäts- und Gaswerke AG Apolda errichtet. Verschiedentlich beteiligte sich die Fa. Franke-Bremen an der Finanzierung von Gesellschaften in der thüringischen Gaswirtschaft. Privatunternehmen errichteten Werke in den Jahren 1904-1907 in Oberlind, Stadtsulza, Stützerbach, Haselbach. In Steinberg-Hallenbach übernahm diese Aufgabe 1909/10 die Berliner Gasbetriebsgesellschaft. Ein 1913 in Unterweißbach gebautes Gaswerk belieferte auch die umliegenden Gemeinden.

Während die kleinen Gasanstalten allesamt mit Retortenanlagen arbeiteten, wurden die größeren mit Kammeröfen ausgerüstet. Dazu gehörte das zwischen 1890 und 1994 erneuerte Werk in Erfurt. 1908 erhielt eines der rekonstruierten Gaswerke den ersten Schrägkammerofen in Thüringen. Seit den Neunzigerjahren wurde damit begonnen, ältere Gaswerke zu modernisieren oder durch Neubauten zu ersetzen.

Erste Wasserkraftwerke

Bis zur Mitte der Achtzigerjahre wurde Bewegungsenergie ausschließlich durch Dampfmaschinen, Gasturbinen und Wasserräder erzeugt. In den an Wasserläufen angelegten gewerblichen Unternehmen - das waren vornehmlich Mahl-, Schneide- und Lohmühlen, holzbearbeitende und verarbeitende Produktionsstätten, Marmorschneidereien usw. - nutzte man lange Zeit die Wasserkraft. Nachdem seit den Achtzigerjahren die wissenschaftlich-technischen Grundlagen für die wirtschaftliche Erzeugung und Nutzung der Elektroenergie geschaffen worden waren, gingen viele dieser Unternehmen dazu über, die verfügbare Wasserkraft in Elektroenergie umzuwandeln. Eines der ersten einheimischen Wasserkraftwerke in Thüringen entstand in der ersten Hälfte der Achtzigerjahre in der Burgauer Mühle, in der nach dem Kauf durch die Fa. August Frommelt und deren Umbau zu einer Holzstofffabrik die Wasserräder durch Turbinen ersetzt wurden. Seit 1886 versorgte das Burgauer Kraftwerk die Holzstofffabrik, den Gasthof und die Porzellanfabrik am Ort mit Elektroenergie. 1889 entstanden Wasserkraftwerke bei Glasbach im Schwarzatal und in der Fa. Strickrodt in Bad Blankenburg. Es waren aber nicht nur gewerbliche Unternehmen, die kleine Wasserkraftwerke einrichteten. So ließ sich auch ein Sanatorium in Walsburg an der Saale 1893 ein Kraftwerk bauen. In den neunziger Jahren und insbesondere nach der Jahrhundertwende nahm die Anzahl der Unternehmungen zu, die aus Wasserkraft Elektroenergie gewannen. Vorerst vermochten diese Werke die verfügbare Wasserkraft nur zu einem Teil zu nutzen. Gefälle von zwei bis vier Meter war unwirtschaftlich und oftmals musste wegen geringer Wasserführung, Vereisung oder Hochwasser das Kraftwerk stillgelegt werden. Zu den leistungsstärksten Wasserkraftwerken in der thüringischen Region zählte das von 1904 bis 1906 in der Kartonagenfabrik Hohenwarte erbaute. Es war mit zwei Zwillingsturbinen der Fa. Schindler & Grunwald-Meißen ausgerüstet und brachte eine Leistung von 900 PS. Wenngleich die Bedingungen für die Anlage von Wasserkraftwerken an der Saale und an anderen thüringischen Flüssen günstig waren, unterblieb der Bau größerer Anlagen. Die Gründe dafür lagen in den hohen Kosten derartiger Werke, in der Konkurrenz der Dampfkraftwerke und in der territorialstaatlichen Zersplitterung des Landes. Das traf insbesondere auf das Gebiet der oberen Saale zu. An der Saale bei Burgau und Kunitz schuf die Fa. Carl Zeiss Jena leistungsfähige Wasserkraftanlagen. Sie erwarb 1909 in Burgau die Mühle und die Holzstofffabrik, um neben der alten Mühle ein neues Wasserkraftwerk zu errichten, das, mit drei Francis-Turbinen ausgerüstet, 1912 in Betrieb ging. Die Turbinen wurden mit einer Leistung von 900 PS betrieben. Nach dem Ersten Weltkrieg wurde - wie noch zu schildern ist - der Ausbau der Wasserkraftwerke in Thüringen mit beachtlicher Energie fortgeführt.

Von kleinen Elektrostationen zu größeren Dampfkraftwerken

Die elektrotechnischen Unternehmen, die die Grundlagen der Elektroenergiewirtschaft gelegt hatten, waren an einer kommerziellen Nutzung ihrer Entwicklungen interessiert und sorgten dafür, dass sie auch im Thüringischen zum Tragen kamen. Zunächst waren es einzelne thüringische Unternehmungen, die die neuartige Energiequelle nutzten. Mitte der achtziger Jahre wurde in den vom Staat Sachsen-Meiningen betriebenen Schieferbrüchen in Lehesten eine Kraftstation eingerichtet, die zur Beleuchtung der Anlagen diente. 1887 ließ die Erfurter Stadtverwaltung eine kleine Dampfkraftstation mit einer Leistung von 20 PS aufstellen, um das Rathaus und den Fischmarkt zu beleuchten. 1889 nahm die Fa. Röscheisen in Leutenberg eine Kraftstation in Betrieb.

In den Neunzigerjahren wuchs die Anzahl der Kraftstationen in den Städten und Unternehmungen an. Auf Anregung der Allgemeinen Elektrizitäts-Gesellschaft in Berlin ließ die Stadtverwaltung von Eisenach 1891 ein größeres Kraftwerk bauen und in Gera leiteten kleine Elektrofirmen aus Hannover und Berlin 1892 einen Kraftwerksbau in die Wege.

Anfangs wurde die Elektroenergie zur Beleuchtung von Straßen, öffentlichen Gebäuden, Fabrikationsstätten und Wohnungen genutzt. Seit Beginn der Neunzigerjahre ging man in den Städten dazu über, elektrisch betriebene Straßenbahnen anzulegen. Mit dem Aufkommen des elektrischen Einzelantriebs wuchs das Interesse in der gewerblichen Wirtschaft an der Nutzung der Elektroenergie als Antriebskraft.

Die Elektroenergie erzeugenden Unternehmen mussten sich gegen die Gaswirtschaft, die in vielen Städten über starke Positionen verfügte, erst durchsetzen. Welche Schwierigkeiten sie dabei zu überwinden hatten, zeigt das Beispiel der Stadt Erfurt. Dort hatte die Stadtverordnetenversamlung im Frühjahr 1890 entschieden, Straßen, Plätze und Wohnstätten fortan elektrisch zu beleuchten. Eine Kommission wurde damit beauftragt, die nötigen Vorbereitungen zu treffen. Noch während die Kommission dieser Aufgabe nachging, erwarb 1893 die in Berlin ansässige Neue Elektrogesellschaft die in der Stadt betriebene Pferdebahn, um sie durch eine elektrische Straßenbahn zu ersetzten. Sie baute dafür eigens eine Blockstation und legte ein 12,5 km langes Streckennetz an, auf dem am 28. Mai 1894 die erste Probefahrt erfolgte. Der Bahnbetrieb wurde der Erfurter Elektrischen Straßenbahn AG, einer Tochtergesellschaft der Neuen Elektrogesellschaft, übertragen. Als dann die Erfurter Stadtverwaltung 1895 ihre Bemühungen um die elektrische Beleuchtung der Stadt intensivierte, musste sie feststellen, dass sich die Dessauer Continental-Gasgesellschaft, die die Gasversorgung der Stadt beherrschte, das Vorzugsrecht für die Errichtung einer elektrischen Zentrale in der Stadt gesichert hatte. Da aber diese Gesellschaft das Erfurter Gaswerk in jener Zeit gerade modernisierte, kam ihr eine Konkurrenz durch die Elektroenergiewirtschaft ungelegen. Es gelang ihr, den Bau eines Kraftwerkes zu verhindern. 1897 griff der Magistrat der Stadt, gemeinsam mit der Erfurter Straßenbahn AG, den Plan, ein eigenes Kraftwerk zu bauen, erneut auf. Dafür bewilligte die Stadtverordnetenversammlung im Jahre 1900 1,2 Millionen Mark. Der Bau wurde ausgeführt, und am 1. Oktober 1901 lieferte das Erfurter Kraftwerk den ersten Strom. Wenngleich anfangs nur 164 Haushalte und 82 Gewerbebetriebe die Elektroenergie in Anspruch nahmen, so waren 1914 bereits 3.519 Haushalte und 1.648 Gewerbebetriebe an das Versorgungsnetz angeschlossen.

Zwischen 1894 und 1914 entstanden Elektrostationen in Gotha, Langensalza und Salzungen, Altenburg, Schmalkalden und Roda, Gößnitz, Lobenstein und Triptis, Nordhausen, Mühlhausen, Weimar, Greiz, Brotterode, Schleußingen und Weida, Jena, Blankenburg, Eisfeld, Ilmenau, Leutenberg, Themar, Vacha, Ellrich, Königsee, Greußen, Apolda und Heiligenstadt. Sodann folgte der Kraftwerksbau in Worbis, Sonneberg, Saalfeld, Rudolstadt, Sondershausen, Pößneck, Hildburghausen Suhl und in Meiningen.

Das Vordringen der Elektroenergie in den thüringischen Städten hing, wie das Beispiel Erfurt zeigte, von der Stellung der Gaswirtschaft ab. Das wird deutlich, wenn man prüft, in welchen Städten frühzeitig bzw. erst nach einigen Jahren die Elektroenergie genutzt wurde. In einer Reihe von Städten, es sind die Residenzstädte Weimar, Gotha, Altenburg und die Industriestädte Eisenach, Gera, Altenburg, Schmalkalden, Ilmenau und Gößnitz, konnten sich Kraftwerke neben den Gasanstalten platzieren. In Kommunen ohne Gasversorgung hielt die Elektroenergiewirtschaft frühzeitig Einzug. Das betraf Leutenberg, Blankenburg, Weida und Greiz. Spät entstanden hingegen Kraftwerke in Meiningen, Saalfeld, Sondershausen, Hildburghausen, Sonneberg, Suhl und Apolda. In diesen Städten gab es eine gut ausgebaute Gasversorgung.

Das langsame Vordringen der Elektroenergie lag aber nicht nur in der starken Stellung der Gasunternehmen begründet, sondern auch in dem Bestreben ihrer Kunden, die Aufwendungen für die Gasinstallationen zu amortisieren. So waren kleine gewerbliche Unternehmen, die sich auf die Nutzung von Gas eingerichtet hatten, nicht ohne weiteres bereit und in der Lage, die mit dem Übergang zur Elektroenergie erforderlichen Investitionen aufzubringen.

Anfänge der Überlandversorgung

Die technischen Fortschritte bei der Fernübertragung von Elektroenergie erlaubten, die Elektrifizierung kleiner Städte und ländlicher Gemeinden in Angriff zu nehmen. Den Anfang machte das 1906 entstandene Überlandwerk eGmbH in Brottlebe bei Arnstadt. 1908 gründete Franz Ittig in Probstzella ein Elektrizitätswerk, das die Gebirgsteile des Kreises Saalfeld sowie das Gebiet von Leutenberg, Würzbach und Teuschnitz versorgte. Zwischen 1908 und 1911 entstanden dann die Überlandwerke Oberweimar, Buttstedt, Blankenhain, Oberroßla und Vieselbach. Das Oberweimaer Werk übernahm 1911 die Werke in Vieselbach, Blankenhain und Landesleben. Die 1901 von Max Lange in ein Kraftwerk umgebaute Mühle zu Gispersleben Kilian wurde 1907 in eine GmbH umgebildet und fand Abnehmer vom Gothaer Umland bis hinein ins Schwarzenburgische. Das Gisperslebener Kraftwerk wurde mit Unterstützung der Fa. Siemens-Schuckert zu dem leistungsfähigen Elektrizitätswerk Gispersleben ausgebaut, das sich dann mit dem Überlandwerk Oberweimar zum Kraftwerk Thüringen AG in Gispersleben zusammenschloss. Unter der Federführung der Fa. Siemens-Schuckert entwickelte sich dieses Kraftwerk zu einem großen mitteldeutschen Überlandwerk. 1909 entstand das Elektrizitätswerk der Grafschaft Camburg eGmbH, das Camburg und Umgebung mit Elektroenergie versorgte. 1910 wurde auf der Grundlage des Elektrizitätswerkes Mühlhausen die Überlandzentrale Mühlhausen GmbH für die Kreise Mühlhausen und Langensalza geschaffen. 1908 errichtete ein privater Unternehmer die Überlandzentrale Langenberg, die die nördlich und westlich von Gera ansässigen Kunden belieferte. Mit ihrem Ausbau ging diese Zentrale an die Körtings Elektrizitätswerk AG in Berlin und dann 1920 an die Thüringer Gasgesellschaft über. 1911 nahm die Saale-Elektrizitätswerk GmbH in Saalfeld die Versorgung des Gebietes von Ziegenrück bis Rudolstadt auf. Der andere Teil des Saaletales wurde von den Jenaer Elektrizitätswerken beliefert. 1910 entstand die Osterland eGmbH in Ronneburg, die den westlichen Teil des Altenburger Ostkreises bediente. Überlandwerke gingen 1908 auch in Creutzburg und Mihla sowie 1910 in Stockhausen in Betrieb.

1910 betraute das Gothaische Staatsministerium die Allgemeine Elektrizitäts-Gesellschaft mit dem systematischen Aufbau der Elektroenergieversorgung im Herzogtum. Wenig später folgte das Meiningische Staatsministerium diesem Beispiel. Mit Unterstützung einer AEG-Tochter, der Berliner Elektrizitätslieferungs-Gesellschaft, erweiterte man im Februar 1912 die Elektrizitätswerk und Straßenbahn AG in Gotha zur Thüringischen Elektrizitätslieferungsgesellschaft AG. Diese Gesellschaft elektrifizierte 1913/14 zügig die Landgemeinden des Herzogtums, des preußischen Kreises Schmalkalden, des Suhler Teils des Kreises Schleusingen und die Werra-Orte nördlich von Meiningen. Elektroenergie erzeugten das ausgebaute Kraftwerk in Gotha und das 1912/13 in Breitungen errichtete Kraftwerk. Das Breitungener Kraftwerk, mit drei Dampfturbinen ausgerüstet und einer Leistung von zunächst 9.000, später 14.000 kWh, war das modernste in Thüringen.

Die Thüringische Elektrizitätslieferungsgesellschaft AG erweiterte von 1913 bis 1917 den Kreis der an ihr Netz angeschlossenen Gemeinden von zehn auf 97 und die Anzahl der Abnehmer von 13.293 auf 27.884. Zugleich nahmen die in diesem Versorgungsgebiet vorhandenen elektrischen Lampen von 159.668 auf 250.466 zu. Die Anzahl der Elektromotoren erhöhte sich von 3.047 auf 4.229 Stück. Die Gesamterzeugung der Gesellschaft wuchs von 10,8 auf 28 Millionen kWh an

1914 waren die thüringischen Städte elektrifiziert und die Hälfte aller Landgemeinden an das Elektroenergieversorgungsnetz angeschlossen. In den Verwaltungsbezirken Altenburg, Apolda, Arnstadt, Erfurt, Frankenhausen, Gera, Gotha, Grafschaft Hohenstein bei Nordhausen, Langensalza, Mühlhausen, Ohrdruf, Roda, Ronneburg, Rudolstadt, Saalfeld, Waltershausen, Weimar und Weißensee waren die Landgemeinden vollständig oder weitgehend in die Elektroenergieversorgung einbezogen. Die flächenmäßige Elektrifizierung hatte in den Verwaltungsbezirken Coburg, Eisenach, Königsee, Meiningen, Neustadt a.O., Schleusingen und Worbis begonnen. Demgegenüber wurden die Landgemeinden in den Verwaltungsbezirken von Dermbach, Gehren, Greiz, Hildburghausen, Heiligenstadt, Schleiz, Sondershausen und Sonneberg nur in einem bescheidenen Umfang versorgt. In diesen Bezirken gab es lediglich kleine Kraftwerke.

Der Aufbau der Elektroenergiewirtschaft war sowohl Bestandteil des Industrialisierungsprozesses als auch eine entscheidende Voraussetzung für die Beschleunigung dieses Prozesses. In dem in diesem Kapitel betrachteten Zeitraum blieb die Wirkung dieses Wirtschaftszweiges noch weitgehend auf die Verbesserung der Lebensqualität der städtischen Bevölkerung beschränkt. Die Elektroenergie diente vorerst vornehmlich zur Beleuchtung von öffentlichen und privaten Räume sowie von Produktionsstätten. Die elektrifizierten städtischen Verkehrsmittel beförderte auch die Urbanisierung. Die Möglichkeiten, die die Elektroenergie für den Antrieb von Maschinensystemen oder für die Kommunikation bot, wurden erst in Anfängen erschlossen.

14. Die Merkmale des Industrialisierungsprozesses in Thüringen

Die bisherige Darstellung lässt erkennen, dass der Industrialisierungsprozess in den Staaten und preußischen Gebieten Thüringens seit der Mitte des 19. Jahrhunderts bemerkenswerte Fortschritte gemacht hatte. Eine zusammenfassende Betrachtung der Merkmale, die diesen Industrialisierungsprozess kennzeichnen, ergibt folgendes Bild.

Das erste Merkmal ist die vor allem von der Mechanisierung getragene durchgängige Technisierung der gewerblichen Wirtschaft. Die Mechanisierung vollzog sich im Textilgewerbe, in großen Teilen des Bekleidungsgewerbes und Leder erzeugenden und verarbeitenden Gewerbes sowie im Metallwarengewerbe. Der Maschinenbau, die feinmechanisch-optische Industrie und die elektrotechnische Industrie basierten von Anfang an auf der Anwendung technischer Hilfsmittel.

Als allgemeiner Ausdruck für den zunehmenden Technisierungsgrad kann die Nutzung motorischer Kräfte herangezogen werden. In den thüringischen Staaten war zwischen 1875 und 1907 die Anzahl der Unternehmen, die sich solcher Kräfte bediente, von 2.226 auf 7.432 angestiegen. Diese Angaben sagen noch wenig über das technische Niveau der eingesetzten Antriebsmaschinen aus. Das wird erst deutlicher, wenn die zum Antrieb der Motoren genutzten Kräfte mit in Betracht gezogen werden. Da zeigt sich, dass die Anzahl der Unternehmen, die Wasserkraftanlagen betrieben, zwischen 1895 und 1907 um weitere neun Prozent zugenommen hatte. In der gleichen Zeit erweiterte sich der Kreis von Unternehmen, der über Dampfmaschinen verfügte, um 88 Prozent. Besonders stark nahm die Anzahl der Unternehmen zu, die Elektromotoren nutzten. Ihre Zahl wuchs von 81 auf 2.394. 1895 wurden mit den Wasserkraftanlagen 33 und mit den Dampfmaschinen 67 Prozent der PS erzeugt. Zwischen 1895 und 1907 nahmen die Leistungen der Antriebsarten weiter zu.

Die PS-Leistung der Wasserkraftanlagen wuchs um 38 und die der Dampfmaschinen um 178 Prozent. 1907 erzeugten die Wasserkraftanlagen 16, die Dampfmaschinen 63 und die Elektromotoren 21 Prozent der gesamten PS-Leistung in der gewerblichen Wirtschaft der thüringischen Staaten. Insgesamt stieg die von den Unternehmen genutzte Leistung von 77.240 PS im Jahre 1895 auf 234.794 PS im Jahre 1907.

Mit der Technisierung war es zu Veränderungen in den Betriebsformen, dem zweiten Merkmal des Industrialisierungsprozesses, gekommen. Nun bildete sich die für die große Industrie charakteristische Betriebsform, die Fabrik, in einem größeren Umfang heraus. Allerdings muss festgehalten werden, dass die Beschaffenheit der gewerblichen Wirtschaft in den Staaten und preußischen Gebieten Thüringens mit ihrem hohen Anteil an Verbrauchs- und spezifischen Investitionsgütern dazu führte, dass die kleinen und mittleren Unternehmen dominant blieben. Industrielle Großunternehmen waren in der Montanindustrie, in Teilen der Textilindustrie, in der Metall verarbeitenden Industrie, insbesondere in der feinmechanisch-optischen Industrie, im Maschinenbau, in der Rüstungsgüterindustrie, sowie in der Glas- und feinkeramischen Industrie entstanden.

In einer Reihe von Zweigen des Verbrauchsgütergewerbes bestanden die Verlage fort. Allerdings nahm die Tendenz zu einer Kombination von zentraler und dezentraler Betriebsweise stark zu. Dafür gab es zwei Gründe. Zum einen bedurfte es zum Herstellen der betreffenden Gebrauchsgüter keiner aufwändigen technischen Hilfsmittel und zum anderen konnte sich erweisen, dass die Handarbeit kostengünstiger als der Maschineneinsatz war. Vielfach bot der Maschinen- und Anlagenbau derartige Mittel noch nicht an. Daraus erklärt sich auch, weshalb zwischen 1895 und 1907 die hausgewerblichen Betriebsstätten in den thüringischen Staaten um 67 Prozent zunahmen. Sie beliefen sich 1907 auf 18.145. Gleichzeitig wuchs die Anzahl der im Hausgewerbe Tätigen um 77 Prozent. Unter hausgewerblichen Bedingungen arbeiteten 1907 offiziell 31.716 Personen. Ihr Anteil an den Gesamtbeschäftigten im thüringischen Gewerbe war von sechs Prozent im Jahre 1895 auf acht Prozent im Jahre 1907 angewachsen. Die hausgewerbliche Produktionsform bestand 1907 noch in allen thüringischen Staaten, war aber in Sachsen-Meiningen, in Sachsen-Coburg und Gotha sowie in Schwarzburg-Rudolstadt besonders stark verbreitet. In den beiden erst genannten Staaten arbeiteten 15 bzw. 12 Prozent aller in der gewerblichen Wirtschaft Beschäftigten unter hausgewerblichen Verhältnissen.

1875 lag der Anteil der Unternehmen mit mehr als fünf Beschäftigten an der Gesamtheit der Gewerbebetriebe in den Staaten und preußischen Gebieten Thüringens bei 2,5 Prozent. 97,5 Prozent hatten bis zu fünf Beschäftigten. Bis 1895 wuchs der Anteil der Unternehmen, in denen über fünf Personen tätig waren, auf acht Prozent an. 1875 waren von den in der gewerblichen Produktion Tätigen 32 Prozent in Unternehmen mit mehr als fünf Arbeitskräften beschäftigt. Bis 1895 hatte sich dieser Prozentsatz auf 57 erhöht.

Geht man nun der Frage nach, welchen Anteil die größeren Unternehmen hatten, dann ist festzustellen, dass es 1895 im Regierungsbezirk Erfurt 15 Unternehmen mit 200 bis 1.000 Beschäftigten und in den thüringischen Staaten 99 Unternehmen mit mehr als 200 Beschäftigten gab. Davon lagen 14 im Fürstentum Reuß ältere Linie und 25 im Fürstentum Reuß jüngere Linie. Die in beiden Fürstentümern ansässigen größeren Betriebe beschäftigten 33 bzw. 20 Prozent der gewerblich Beschäftigten. Die in den 99 thüringischen Unternehmen arbeitenden 39.126 Menschen machten 15 Prozent der in der gewerblichen Wirtschaft Beschäftigten aus.

Für die Jahre 1903 und 1913 verfügen wir über die Angaben der Unternehmen, die in den thüringischen Staaten und im Regierungsbezirk Erfurt der Gewerbeaufsicht unterlagen und in der Regel mehr als zehn Personen beschäftigten. Ihre Zahl stieg zwischen 1903 und 1913 von 5.673 auf 10.648 an. Gleichzeitig wuchs die Anzahl der Beschäftigten in diesen Unternehmen von 183.280 auf 264.100 Personen. Die durchschnittliche Beschäftigtenzahl der Unternehmen lag 1903 bei 32 und 1913 bei 24 Arbeitskräften. Der Rückgang ist hauptsächlich auf die Neugründung von Unternehmen zurückzuführen. 1913 lag die durchschnittliche Beschäftigtenzahl pro Unternehmen im Bergbau mit 67,5, im Maschinenbau mit 59,5, bei Steine und Erden - hier sind neben den Baustoff- auch die Glas- und feinkeramischen Unternehmen erfasst - mit 52,9 in der Textilindustrie mit 59, Lederindustrie mit 31, chemische Industrie mit 30, Metallwarenindustrie mit 27 über dem Gesamtdurchschnitt.

Die Eigenart der Erzeugnispalette in der überwiegenden Mehrheit der Gewerbezweige erlaubte eine allmähliche Erweiterung der Produktionskapazitäten und das schrittweise Anheben ihres technischen Niveaus, sodass deren Finanzierung weitgehend mit akkumulierten Eigenmitteln, gegebenenfalls mit kurzfristigen Krediten von Sparkassen und Banken erfolgen konnte. Nur in wenigen Zweigen war schon bei Unternehmensgründungen die Verfügbarkeit größerer Fremdkapitalien erforderlich. Es soll nur auf größere Textilfabriken, auf Bergbauunternehmen, Zuckerfabriken oder Gas- und Elektrizitätswerke verwiesen werden. Das erklärt auch den großen Anteil von Einzelunternehmen und von stillen Teilhaberschaften an Unternehmen. Kapitalgesellschaften gab es im ersten Jahrzehnt des 20. Jahrhunderts in der thüringischen Industrie nur in einem relativ geringen Umfang. 1909 bestanden in den thüringischen Staaten lediglich 226 Gesellschaften mit beschränkter Haftung mit einem Stammkapital von 38,7 Millionen Mark und 156 Aktiengesellschaften mit einem Stammkapital von 223,6 Millionen Mark. Das durchschnittliche Stammkapital der GmbH lag bei 171.239 Mark und der Aktiengesellschaften bei 1,4 Millionen Mark.

Ein drittes Merkmal des Industrialisierungsprozesses bildete der strukturelle Wandel innerhalb der Beschäftigten im Montanwesen und in der Industrie. Zwischen 1882 und 1907. verringerte sich erstens die Anzahl der Selbstständigen um 17 Prozent. Das war vornehmlich darauf zurückzuführen, dass sich ein großer Teil der selbstständigen Kleingewerbetreibenden in reine Lohnarbeiter verwandelt hatte. Zweitens nahm die Anzahl der Unselbstständigen um 105 Prozent zu und drittens wuchs die Anzahl der Angestellten wesentlich schneller als die der Arbeiter. Während die Angestelltenschaft um 599 Prozent zunahm, wuchs die Arbeiterschaft lediglich um 95 Prozent. 1882 lag der Anteil der Angestellten an den Unselbstständigen bei zwei Prozent und 1907 bei sieben Prozent. Die Angestelltenschaft nahm in den betrachteten Jahren gleichmäßig zu. Die Arbeiterschaft vergrößerte sich von 1882 bis 1895 um 36 Prozent und von 1895 bis 1907 um 43 Prozent. Viertens differenzierten sich mit den Technisierungsprozessen und mit den betriebsorganisatorischen Veränderungen die Tätigkeitsfelder in den industriellen Unternehmungen. Das führte einerseits zu neuen anspruchsvollen Berufen und andererseits zur Einschränkung der für die Ausführung von Arbeitstätigkeiten erforderlichen Erfahrungen und -fertigkeiten.

In Jena schuf Ernst Abbe zwischen 1889 und 1896 eine für seine Zeit ungewöhnliche Unternehmensart. Er gründete 1889 die Carl-Zeiss-Stiftung, übertrug ihr seinen Firmenanteil an der Fa. Carl Zeiss und sorgte dafür, dass auch Roderich Zeiß, der Sohn des Firmengründers und Mitinhaber, seinen Anteil zu vorteilhaften Konditionen der Stiftung überließ. Abbe gab der Stiftung 1896 ein Statut, das bestimmte, dass der Gewinn des stiftungseigenen Unternehmens zur Förderung des wissenschaftlich-technischen Fortschritts auf feinmechanisch-optischem Gebiet und zur steten Modernisierung des Jenaer Unternehmens verwendet werde. Darüber hinaus enthielt das Statut ein System sozialer Bestimmungen zu Gunsten der Belegschaft, Festlegungen zur finanziellen Unterstützung der Jenaer Universität sowie zur Verbesserung der Lebensqualität der Einwohnerschaft Jenas.

Ein viertes Merkmal des fortschreitenden Industrialisierungsprozesses in Thüringens ist des Weiteren der von zwei Grundzügen gekennzeichnete Wandel in der Zweigstruktur der gewerblichen Wirtschaft. Zum einem traten die traditionellen Zweige, in denen sich vornehmlich der Technisierungsprozess vollzogen hatte, schärfer hervor. Das betraf insbesondere das Textil-, Bekleidungs- und Ledergewerbe sowie das Metallwarengewerbe. Zum anderen wurde die Zweigstruktur durch eine Reihe neuer Gewerbezweige, unter denen die innovationsträchtigen eine besondere Stellung einnahmen, bereichert. Dazu gehörten in erster Linie der spezielle Maschinenbau, die feinmechanisch-optische, die elektrotechnische und die Kaliindustrie.

Diese Entwicklung spiegelte sich in den Beschäftigtenzahlen der Jahre 1903 und 1913 wider. Zunächst ist festzuhalten, dass die Anzahl der Beschäftigten in allen Gewerbezweigen - Holz- und Schnitzstoffe ausgenommen - zunahm. Überdurchschnittlich war das Beschäftigtenwachstum im Maschinenbau mit 139 Prozent, im Bekleidungsgewerbe mit 77 Prozent, im Bergbau mit 67 Prozent, im Papier erzeugenden und verarbeitenden Gewerbe mit 66 Prozent, im Nahrungs- und Genussmittelgewerbe mit 58 Prozent sowie in der chemischen Industrie mit 56 Prozent. Das geringste Wachstum wies der Zweig Steine und Erden sowie das Textilgewerbe mit sieben bzw. elf Prozent auf.

Mit dem Fortschreiten des Industrialisierungsprozesses gewann die gewerbliche Wirtschaft innerhalb der thüringischen Wirtschaft ein zunehmendes Gewicht. Das verdeutlicht der Anteil der Beschäftigten dieses Wirtschaftsbereiches an den Gesamtbeschäftigten. Zunächst ist festzuhalten, dass zwischen 1882 und 1907 die Beschäftigtenzahl in der Land- und Forstwirtschaft, im Bergbau und der Industrie sowie im Handel und im Verkehr zugenommen hat. In der Land- und Forstwirtschaft wuchs die Beschäftigtenzahl um 12 Prozent, in der gewerblichen Wirtschaft um 61 Prozent und in Handel und Verkehr um 94 Prozent.

Vergleicht man die Beschäftigtenzahlen in der Land- und Forstwirtschaft mit denen im Bergbau und in der Industrie, dann zeigt sich, dass sie 1882 annähernd gleich groß waren. Im Bergbau und in der Industrie waren lediglich 23.669 Personen mehr als in der Land- und Forstwirtschaft tätig. Das verändert sich bis 1907 zu Gunsten von Bergbau und Industrie. Diese Wirtschaftsbereiche hatten nun einen Anteil von 61 Prozent an den Gesamtbeschäftigten in der gewerblichen und in der Land- und Forstwirtschaft. Der Wirtschaftsbereich Handel und Verkehr, der 1882 lediglich einen Anteil von acht Prozent an den Gesamtbeschäftigten hatte, erhöhte ihn bis 1907 auf elf Prozent.

Ein Vergleich der Beschäftigtenzahlen in den Staaten und preußischen Gebieten Thüringens mit denen im Deutschen Reich ergibt, dass die Position der gewerblichen Wirtschaft, die sie im Thüringischen schon 1882 erreicht hatte, im Reich erst 1907 zu verzeichnen war.

Drittes Kapitel

Das thüringische Gewerbe zwischen 1919 und 1945

15. Die Bildung und die Wirtschaftsstruktur des Landes Thüringen

Die Bildung des Landes Thüringen

Die militärische Niederlage der deutschen Armeen an der Westfront, die wachsende Unzufriedenheit breiter Schichten des Volkes mit den bestehenden Verhältnissen im Kaiserreich und der Wille in der Arbeiterschaft, gesellschaftliche Veränderungen einzuleiten sowie die politische Unsicherheit der herrschenden Eliten bildeten im Spätherbst 1918 die Grundvoraussetzungen für den Übergang von der konstitutionellen Monarchie zu einem bürgerlich-parlamentarischen System im Deutschen Reich.

Seit dem 7. November 1918 kam es auch in den Garnisonen und Städten der Staaten und der preußischen Gebiete Thüringens zu eindrucksvollen Antikriegsaktionen, in deren Verlauf Forderungen nach einer Umgestaltung des gesellschaftspolitischen, aber auch des wirtschaftlichen Systems erhoben wurden. Die thüringischen Herrscher folgten dem Beispiel des Deutschen Kaisers, der am 9. November 1918 auf seinen Thron verzichtete. Großherzog Wilhelm Ernst von Sachsen-Weimar-Eisenach trat noch am gleichen Tag zurück. Andere thüringische Herrscher folgten, schließlich gab am

25. November 1918 auch Fürst Günther Victor von Schwarzburg die Herrschaft über Sondershausen auf.

In den folgenden Monaten wurde das Leben der Einwohner in Thüringens von den scharfen politischen Auseinandersetzungen um die künftige Gestaltung der Gesellschaftsordnung bestimmt. Die breite Skala der politischen Interessen reichte von der Bewahrung der Monarchie bis zur Errichtung eines Rätesystems. Zwischen den beiden Extremen standen jene Kräfte, die auf eine demokratisch-parlamentarische Ordnung in Thüringen hinwirkten. Sie trugen das Ihre dazu bei, dass die im Februar 1919 in Weimar zusammengetretene verfassunggebende Deutsche Nationalversammlung ein demokratisch-parlamentarisches System in Deutschland etablieren konnte.

In den ersten Nachkriegsmonaten gab es starke Bestrebungen, einen einheitlichen thüringischen Staat zu begründen. Dazu dienten im Frühjahr 1919 zwei Verwaltungskonferenzen, auf denen sich die Regierungschefs bzw. die Landtagspräsidenten der thüringischen Staaten darauf einigten, den Gesamtstaat Thüringen zu schaffen. Es entstanden der Volksrat als Gemeinschaftsvertretung der einzelnen Länderparlamente und der Staatsrat der Einzelregierungen, der in provisorischer Form erstmals am 14. Juli 1919 zusammentrat. Die in verschiedenen preußischen Gebieten Thüringens vorhandenen Bemühungen um den Anschluss an den thüringischen Gesamtstaat - die Handelskammer Erfurt und der Verband Thüringischer Industrieller waren entschiedene Befürworter - scheiterten am Widerstand der preußische Regierung, die keine Gebietsteile abtreten wollte. Sie konnte sich in diesen Gebieten auf starke Verbündete stützen. Die Einwohner der Coburger Pflege waren ebenfalls gegen die Zugehörigkeit zu einem thüringischen Gesamtstaat und entschieden sich in einer Volksabstimmung im November 1919 für den Anschluss an Bayern.

Auf Grund des föderalen Prinzips, das im Reich herrschte, beschloss die Nationalversammlung am 23. April 1920 das

Gesetz über die Bildung des Landes Thüringen und ermöglichte damit die ersten Wahlen zum thüringischen Landtag. Die Wahlen wurden am 20. Juni 1920 abgehalten, und die Regierungsbildung erfolgte am 10. November 1920. Die Landesverfassung trat schließlich am 11. März 1921 in Kraft. Der mit dem Zusammenschluss der ehemaligen Einzelstaaten Sachsen-Weimar-Eisenach, Sachsen-Meiningen, Sachsen-Gotha (ohne Coburg), Schwarzburg-Rudolstadt und des Volksstaats Reuß erzielte Fortschritt lässt nicht über die Unzulänglichkeiten bei der Bildung des Landes hinwegsehen. Die Kreise Schleusingen mit Suhl, Schmalkalden und Ziegenrück blieben preußisch. Am Oberlauf der Saale gab es noch verschiedene territoriale Splitter, die zu Ziegenrück zählten. Erfurt mit seinem nördlichen und östlichen Umland war preußisch. Von Preußen waren wiederum nordthüringische Enklaven umschlossen. Das betraf die ehemaligen schwarzburgischen Unterherrschaften mit Sondershausen und Frankenhausen, das sachsen-weimarische Allstedter Gebiet im Winkel von Helme und Unstrut. Schließlich gab es im Fränkischen noch die thüringische Enklave Ostheim.

Die zwischen November 1918 und Ende 1923 mit allen Mitteln um die künftige Gestaltung der staatlichen und gesellschaftlichen Ordnung in Deutschland geführten Auseinandersetzungen spielten sich auch mit großer Schärfe in Thüringen ab. Letztlich vermochte sich die von der Nationalversammlung in Weimar begründete demokratisch-parlamentarische Ordnung einige Jahre gegen Angriffe von unterschiedlichen politischen Kräften zu behaupten. In Thüringen kam es in jener Zeit zu unterschiedlichen Regierungskoalitionen. Anfang der Dreißigerjahre nutzte die nationalsozialistische Bewegung die politischen und sozialen Auswirkungen der Weltwirtschaftskrise, um entschieden auf einen Wechsel des Regierungssystems hinzuwirken. Sie wurden dabei von rechtskonservativen Kräften ermuntert und tatkräftig unterstützt.

In Thüringen war 1930 den Nationalsozialisten eine zeitweilige Regierungsbeteiligung gelungen, und im Ergebnis der Landtagswahlen vom 31. Juli 1930 übernahmen sie die Führung in einer Koalitionsregierung. Am 30. Januar 1933 wurde dem Führer der NSDAP die Reichskanzlerschaft überlassen. Die NSDAP errichtete innerhalb weniger Wochen in Deutschland ein diktatorisches Regime, das auf brutale Weise jegliche Opposition ausschaltete. Mit der Reichsgesetzgebung vom Frühjahr 1933 wurde die Eigenständigkeit des Landes Thüringen nahezu vollständig aufgehoben. Der Erlass von Adolf Hitler vom 1. April 1944 über die Aufgliederung der Provinz Sachsen und die Anpassung der Verwaltungsbezirke an die Reichsverteidigungsbezirke übertrug die Befugnisse des Oberpräsidenten des Regierungsbezirks Erfurt auf den Reichsstatthalter von Thüringen. Das war der erste Schritt zur verwaltungsmäßigen Eingliederung der preußischen Gebiete Thüringens in das Land Thüringen.

Die Wirtschaftsstruktur Thüringens in den Zwanzigerjahren

Das 1920 entstandene Land Thüringen umfasste ein Territorium von 11.762 km^2, auf dem im Gründungsjahr 1.513.000 Einwohner lebten. In den folgenden 13 Jahren wuchs die Bevölkerung des Landes um knapp zehn Prozent. 1933 bewohnten dieses Land 1.659.510 Menschen. In den preußischen Gebieten Thüringens mit einer Fläche von 4.000 km^2 wurden im gleichen Jahr 661.342 Einwohner gezählt. Bis 1939 erhöhte sich die Einwohnerschaft im Land Thüringen auf 1.743.624 und in den preußischen Gebieten auf 702.685 Personen.

Die Wirtschaftsstruktur des Landes Thüringen wurde durch Industrie, Handwerk und Handelsgewerbe geprägt. Vom Gesamtumsatz der steuerlich veranlagten Wirtschaftsunternehmen, der sich 1927 auf 3,2 Millionen RM belief, entfielen 60 Prozent auf Industrie und Handwerk und 26 Prozent auf das Handelsgewerbe. Die Land-, Forst- und Fischwirtschaft hatte einen Anteil von sieben Prozent. Das Schank- und Gastgewerbe trug vier Prozent zum Umsatz bei. Der Rest wurde von den anderen Wirtschaftsbereichen aufgebracht. Ein etwas anderes Bild ergibt die Verteilung der Erwerbstätigen auf die Wirtschaftsbereiche. 1925 gab es im Land Thüringen insgesamt 846.750 Erwerbstätige. Davon waren 49,5 Prozent in industriellen Unternehmen und Handwerksbetrieben tätig. Die Land-, Forst- und Fischwirtschaft beschäftigte 29,5 Prozent der Erwerbstätigen, Handel und Verkehr 12 Prozent. Neun Prozent verdienten ihren Lebensunterhalt in anderen Wirtschaftsbereichen und in freien Berufen. Von der Einwohnerschaft des Landes Thüringens lebten 1925 50 Prozent von industrieller und handwerklicher Tätigkeit, 13 von Handel, Verkehr, Schank- und Gastwirtschaft und 21 Prozent von Land-, Forst und Fischwirtschaft sowie von der Gärtnerei. Die restlichen 16 Prozent bezogen ihren Lebensunterhalt aus anderen Tätigkeiten. Interessant ist schließlich die Verteilung der Berufsabhängigen auf die Stadt- und Landkreise. Von der Gesamtbevölkerung des Landes wohnten 25 Prozent in zehn Stadtkreisen und 75 Prozent in 16 Landkreisen. Von den Einwohnern, die ihre Existenz auf die gewerbliche Tätigkeit gründeten, lebten 28 Prozent in den Stadt- und 72 Prozent in den Landkreisen. Der Bevölkerungsteil, dessen Existenz von Handel, Verkehr, Gast- und Schankwirtschaft abhing, war zu 39 Prozent in den Stadtkreisen beheimatet. Der Teil der Bevölkerung, dessen Lebensgrundlage die Land-, Forst und Fischereiwirtschaft sowie die Gärtnerei war, wohnte zu 97,5 Prozent in den Landkreisen. Besonders hoch war der von der gewerblichen Tätigkeit lebende Teil in den Stadtkreisen Zella-Mehlis mit 80, Apolda mit 70 und Greiz mit 67,5 Prozent sowie in den Landkreisen Sonneberg mit 71 Altenburg mit 62 und Greiz mit 60,5 Prozent. Gering fiel hingegen dieser Anteil im Stadt- und Landkreis Weimar mit 35 bzw. 31 Prozent, in der Kreisabteilung Camburg mit 29,5, in den Landkreisen Hildburghausen mit 39 und Sondershausen mit 37 Prozent aus.

Unter den Landkreisen mit einem hohen von der Landwirtschaft lebenden Bevölkerungsteil traten der Landkreis Weimar mit einem Anteil von 49 Prozent und die Kreisabteilung Camburg mit 48 Prozent hervor. Hildburghausen, Schleiz, Sondershausen und Stadtroda wiesen einen Anteil zwischen 38 und 33 Prozent auf. Am geringsten war dieser Bevölkerungsteil mit acht Prozent im Landkreis Sonneberg. Im Stadtkreis Weimar lag der Anteil der Bevölkerung, der von der Dienstleistung, von Verwaltungstätigkeit, von sonstiger Erwerbstätigkeit lebte oder keine Angaben gemacht hatte, mit insgesamt 62 Prozent besonders hoch.

Bevor die gewerbliche Entwicklung im Land Thüringen im betrachteten Zeitraum behandelt wird, sind einige Bemerkungen zur Landwirtschaft und zum Dienstleistungsgewerbe angebracht.

1927 wurden von der Gesamtfläche 57 Prozent von landwirtschaftlichen Betrieben als Ackerland, Wiesen und Weiden genutzt. 31 Prozent waren Forsten und Holzungen. Die restliche Fläche setzte sich aus Gartenland, Haus- und Hofräumen, Wegeland, Kulturanlagen, Gewässer usw. zusammen.

Die thüringische Landwirtschaft war noch immer durch eine große Anzahl landwirtschaftlicher Neben- und Kleinbetriebe gekennzeichnet, die 1925 64 Prozent aller Landwirtschaftsbetriebe ausmachten und lediglich über 10 Prozent der landwirtschaftlichen Nutzfläche verfügten. Das von diesen Betrieben Produzierte diente nahezu ausschließlich dem Eigenverbrauch. Ebenso verhielt es sich in einem hohen Maße bei den 14 Prozent der Betriebe mit zwei bis zehn Hektar Land, die 35 Prozent der landwirtschaftlichen Nutzfläche bearbeiteten. Auch sie vermochten nur zu einem geringen Teil zur Marktproduktion beizutragen. Die mittelbäuerlichen Betriebe mit Betriebsgrößen zwischen zehn und 50 Hektar, die neun Prozent der Betriebe ausmachten und 41 Prozent der

Nutzfläche unter dem Pflug hatten, trugen neben den Großbauern und den Gutswirtschaften die Marktproduktion. Die großbäuerlichen Betriebe und die Gutswirtschaften mit mehr als 50 ha, die 15 Prozent der landwirtschaftlichen Nutzfläche bearbeiteten, machten 0,5 Prozent der Agrarbetriebe im Land Thüringen aus. Die thüringischen Landwirte waren in den zwanziger Jahren auf Grund dieser Agrarstruktur und der sehr differenzierten natürlichen Bedingungen nicht in der Lage, die einheimische Bevölkerung ausreichend mit Nahrungsmitteln zu versorgen. Lediglich das Weizenaufkommen, diese Halmfrucht wurde 1925 auf 13 Prozent der landwirtschaftlichen Nutzfläche angebaut, überstieg den einheimischen Bedarf um zehn bis 25 Prozent. Hingegen vermochten die thüringischen Landwirte die Nachfrage nach Roggen, Hafer, Gerste und Kartoffeln nicht vollständig zu befriedigen. Großabnehmer landwirtschaftlicher Erzeugnisse in Thüringen waren die stark ausgeprägte Nahrungs- und Genussmittelindustrie, insbesondere die Teigwarenunternehmen, das Braugewerbe und die Zuckerfabriken. Obgleich die Viehwirtschaft im Land Thüringen im Allgemeinen gut ausgebildet war, vermochte sie weder den Bedarf der Bevölkerung noch den der einheimischen Fleisch- und Wurstwarenindustrie zu decken, sodass Schweine zu 20, Schafe zu 25 und Rinder zu 33 Prozent außerhalb von Thüringens bezogen werden mussten.

Die in den Zwanzigerjahren unternommenen Versuche, im Land Thüringen einen eigenen Großhandel auszubilden, der der Konkurrenz in Erfurt und in den umliegenden Großstädten gewachsen war, misslangen. Eine gewisse Selbstständigkeit konnte im Handel mit Industriewaren erzielt werden. Die Vorherrschaft im Handel mit landwirtschaftlichen Erzeugnissen aus Thüringen behielt Erfurt. Bis 1945 veränderte sich an der Grundstruktur der Land- und Forstwirtschaft und am Handel, nimmt man die kriegsbedingten Einschränkungen aus, nur wenig.

16. Die wirtschaftlichen Rahmenbedingungen

Die wirtschaftliche Entwicklung im Land Thüringen wurde in den ersten Nachkriegsjahren von den wirtschafts- und sozialpolitischen Entscheidungen des Reichstages und der Reichsregierung bestimmt. Der thüringischen Regierung blieb auf diesen Gebieten nur ein sehr geringer Gestaltungsraum. Aus mehreren Gründen hatte sich die Reichsregierung in Übereinstimmung mit führenden Wirtschaftskreisen dazu entschlossen, die Politik der Geldentwertung, die bereits während des Krieges begonnen hatte, fortzusetzen. Der erste und hauptsächlichste Grund bestand in dem Bestreben, den inneren Frieden zu sichern. Dazu diente auch die Gewährung verschiedenartiger Sozialleistungen. So wurden u.a. Teuerungszulagen, Familienunterstützung, Erwerbslosenunterstützung gezahlt. Sodann befürchtete die Reichsregierung, dass die in Gang gekommene Nachkriegskonjunktur durch eine Stabilisierung der Währung in eine Wirtschaftskrise umschlagen könnte. Und schließlich hofften die Regierenden, durch den Währungsverfall würden die Siegermächte daran gehindert, sich ein treffendes Bild von der deutschen Zahlungs- und Leistungsfähigkeit zu machen. Natürlich begründete die Reichsregierung ihre Inflationspolitik mit den außerordentlichen hohen Reparationsforderungen an Deutschland.

Diese Wirtschaftspolitik beförderte eine Nachkriegskonjunktur, aus der vor allem die Industrie zwischen 1920 und 1922 Nutzen zog. Der wirtschaftliche Aufschwung beruhte auf verschiedenen Faktoren. Die Unternehmen waren zur Friedensproduktion zurückgekehrt. Die alliierten Siegermächte hatten im Frühsommer 1919 ihre gegen Deutschland gerichtete Blockade aufgehoben. Auf dem Binnenmarkt herrschte ebenso wie auf dem Außenmarkt eine starke Nachkriegsnachfrage. Die deutschen Unternehmen konnten ungeachtet des Boykotts gegen deutsche Erzeugnisse ihre Produkte exportieren. Dabei nutzten sie die Vorteile, die ihnen die Inflation bot.

Mit dem Übergang zur Hyperinflation veränderten sich im Laufe des Jahres 1923 die Bedingungen für die industriellen Unternehmen derart, dass es sich für sie kaum lohnte, überhaupt noch zu produzieren. Die rasch steigenden Preise für Brennstoffe, Material und Halbzeuge ließen die Produktion unrentabel werden. Zwischen dem 9. Juli und dem 20. September 1923 war der Preis für eine Tonne Rohbraunkohle von 138.000 auf 27,3 Millionen Papiermark gestiegen. Brikettfabriken verlangten von ihren Kunden für die gleiche Menge Industriebraunkohlenbriketts statt 449.000 nun 86,8 Millionen Mark. Hinzu kam die Eskalation der Löhne. Nach dem Tarif des Arbeitgeberverbandes von Gera und Umgebung erhöhte sich der Wochenlohn zwischen März und September 1923 bei einem verheirateten Metallfacharbeiter über 23 Jahre um 99,5 Prozent, bei einem Angelernten bzw. Ungelernten um 100 Prozent. Die Teuerungen zwang die Unternehmen, die Löhne der an- und ungelernten Arbeitskräfte schneller anzuheben als die der Facharbeiter. Das führte zu Unzufriedenheit unter den Fachkräften und zu Spannungen innerhalb der Belegschaften. Wegen des raschen Preisanstiegs für Nahrungsmittel, Bekleidung usw. sahen sich die Unternehmen auch genötigt, den Wochenlohn in zwei Raten auszuzahlen, weil die Arbeiter sonst für einen nennenswerten Teil ihrer Einkünfte keinen Gegenwert erhalten hätten. So nahm der Wert der Mark zwischen dem 30. Juli und 6. August 1923 und zwischen 10. September und 17. September 1923 von einem Wochentag zum anderen um elf Prozent bzw. um 17 Prozent ab. Die stärkste Abnahme von 26 Prozent musste zwischen dem 8. und 15. Oktober 1923 verzeichnet werden. In den drei in die Reichserhebung über den Verlauf der Teuerung einbezogenen thüringischen Städten Eisenach, Weimar und Gera erhöhte sich der Betrag, den eine fünfköpfige Normalfamilie in vier Wochen für ihren Bedarf an Nahrung,

Bekleidung, Heizung, Beleuchtung und Wohnung aufwenden musste, von 86.581 Mark am 10. Januar 1923, auf 59 Millionen Mark am 20. August 1923 und schließlich auf 152,5 Billionen Mark am 26. November 1923.

Da die Unternehmen unter den Bedingungen dieser Hyperinflation nicht mehr damit rechnen konnten, dass sie für ihre Erzeugnisse Preise realisieren, die die Gestehungskosten deckten, schränkten sie die Produktion ein. Das hatte einen starken Arbeitskräfteabbau zur Folge, der in der Metallindustrie besonders krass ausfiel. Ihre Unternehmen hatten während des gesamten Jahres Arbeitskräfte entlassen, sodass zwischen dem 1. Januar 1923 und dem 1. Dezember 1923 die Anzahl der arbeitssuchenden Metallarbeiter von 572 auf 8.377 anstieg. Erst die Währungsstabilisierung im Jahre 1924 und die positiven Auswirkungen des Dawes-Plan schufen die Voraussetzungen für einen konjunkturellen Aufschwung in Deutschland, der, mit einer Unterbrechung im Jahre 1926, bis 1929 anhielt. Von dieser Aufwärtsbewegung profitierten alle Gewerbezweige, insbesondere aber die innovationsträchtigen Unternehmen.

1930 wurde das thüringische Gewerbe von der Weltwirtschaftskrise erfasst. Die Auswirkungen dieser Krise lassen sich am Fakturenwert der abgesetzten Erzeugnisse, die in den Berichten der Industrie- und Handelskammern festgehalten sind, ablesen. Der Fakturenwert gibt den auf den von den Unternehmen ausgestellten Rechnungen ausgewiesenen Wert, also den Wert der abgesetzten Ware, wieder. Die Kammern haben den von Juli 1926 bis Juli 1929 erzielten Absatz gleich 100 gesetzt und daran die Bewegung des monatlichen Absatzes gemessen. Danach ging zwischen 1929 und 1933 - wie die folgenden Daten zeigen - die Industrieproduktion in Thüringen stark zurück. Der Rückgang des Fakturenwertes weist sowohl den geringer werdenden Absatz von Erzeugnissen als auch den Verfall der Verkaufspreise aus. Schon 1930 lag der Fakturenwert der abgesetzten Erzeugnisse erheblich unter dem Vorjahresniveau und erreichte erst in den Herbstmonaten des gleichen Jahres nochmals zwischen 93 Prozentpunkten im September und 89 Punkten im Oktober. Das Jahr 1931 zeigte wiederum geringere Werte. Im September, dem Höhepunkt des Jahresgeschäfts, wurden lediglich 80 Punkte erzielt. Das Jahr 1932 begann im Januar mit 41,5 Punkten. Das beste Resultat des Jahres konnte erst im Oktober mit 59 Punkten verzeichnet werden. Im Januar 1933 lag der Fakturenwert dann bei 39 Punkten und erhöhte sich bis zum November 1933 auf 63 Punkte, um dann in den folgenden Monaten wieder auf 58 Punkte abzufallen.

Da das thüringische Gewerbe in einem starken Maße vom Export seiner Erzeugnisse lebte, spielten für sie die weltwirtschaftlichen Vorgänge eine besondere Rolle. Der Abhängigkeitsgrad der Fertigwarenindustrie vom Auslandsabsatz lag im Durchschnitt der Jahre 1926 bis 1929 zwischen 66 Prozent in der Spielwarenindustrie und zehn bis 15 Prozent in der Lederindustrie. In welchem Maße die Weltwirtschaftskrise auf das Auslandsgeschäft der thüringischen Industrie durchschlug, verdeutlichen die Angaben über den Export in die USA. Nachdem der Export in die USA 1929 um zehn Prozent über dem des Vorjahres lag, ging er in den folgenden Jahren stetig zurück. 1930 wurden 21 Prozent weniger thüringische Erzeugnisse in den USA verkauft und 1933 vermochten die hiesigen Unternehmen nun nur noch 27 Prozent der Waren in den USA abzusetzen. Von den Verlusten im USA-Geschäft wurden die einzelnen Branchen unterschiedlich stark betroffen. 1933 standen zehn Warengruppen weniger auf der Exportliste als vier Jahre vorher. Von den 31 Branchen, die noch am USA-Export beteiligt waren, konnten nur zwei - nämlich die Hersteller von Leder und Lederwaren und Waren aus Kunstseide - ihr Exportvolumen erhöhen. Alle anderen mussten ihre Exporte verringern.

Im Laufe des Jahres 1930 ging die Beschäftigtenzahl zurück. Gegenüber 1926/29 waren im Dezember 1930 in der

Industrie 35 Prozent und im April 1933 41,5 Prozent weniger Arbeitskräfte beschäftigt. Damit wuchs die Anzahl der Arbeitssuchenden im Lande stetig an. Zum 30. Juni 1928 gab es in Thüringen 27.302 Männer, Frauen und Jugendliche, die eine Arbeit suchten. Bis zum 31. Dezember 1930 betrug ihre Anzahl bereits 129.332. Die höchste Anzahl der Arbeit Suchenden in den Krisenjahren wurde am 31. März 1932 mit 165.647 Personen registriert. Im Januar 1933 waren noch immer 155.398 Personen auf Arbeitssuche.

Die Wirtschaftskrise spiegelte sich auch in der Lohnbewegung wider. Durch Entlassungen, Lohnsenkungen und Verringerung der Arbeitszeit passten die thüringischen Unternehmen die personellen Aufwendungen den wirtschaftliche Gegebenheiten an. Dabei ist aber zu beachten, dass sie verschiedentlich den Versuch unternahmen, einen möglichst großen Teil der Stammbelegschaft im Unternehmen zu halten, in dem sie Fachkräfte nicht entließen, sondern ihnen lediglich einen niedrigeren Lohn zahlten. Besonders Metallfirmen versuchten durch Lohnsenkungen die Stammbelegschaft vor der Entlassung zu bewahren. Schon zu Beginn des Jahres 1930 lag die ausgezahlte Lohnsumme um fünf Prozent unter dem Stand vom Dezember 1929. Im Laufe des Jahres verringerte sie sich weiter. Im Dezember 1930 war sie um 29 Prozent niedriger. Diese Tendenz hielt 1931 und im Frühjahr 1932 an. In den folgenden Monaten stieg die Lohnsumme wieder an und erreichte im November 1933 wieder 55 Prozent des Vorkrisenstandes.

Das Ausklingen der Weltwirtschaftskrise und die wirtschaftspolitischen Maßnahmen des nationalsozialistischen Regimes bewirkten auch in Thüringen eine allmähliche Belebung der Wirtschaft, die insbesondere in der Industrie spürbar wurde. Die Anzahl der Beschäftigten nahm ebenso zu wie der Fakturenwert der abgesetzten Industrieerzeugnisse. Der Fakturenwert der Fertigwarenindustrie lag im Sommer 1937 über dem Vorkrisenstand, verharrte 1938 auf diesem

Niveau und wuchs dann 1939 rasch an. Im Juli 1939 lag er um 24 Prozentpunkte über dem Stand von 1926/29. Zu diesem Aufschwung trugen alle Hauptzweige dieses Industriebereichs bei. Er wurde aber vor allem von der Metall erzeugenden und verarbeitenden Industrie getragen. Die Fertigwarenindustrie hatte schon im Sommer 1936 den Vorkrisenstand überschritten und lag im Juli 1939 um 76,5 Prozentpunkte über diesem Stand. Eine ähnlich positive Entwicklung nahmen die Porzellan- und die Glasindustrie. Demgegenüber gelang es der Holz-, Spielzeug- und Textilindustrie bis zum Beginn des Zweiten Weltkrieges nicht, das Niveau wieder zu erreichen, das sie vor Ausbruch der Weltwirtschaftskrise aufwies. Das Niveau der Textilindustrie blieb am niedrigsten.

Die Umsatzbewegung der Fertigwarenindustrie spiegelte drei für die industrielle Entwicklung im nationalsozialistischen Deutschland charakteristische Vorgänge wider.

Seit Mitte der dreißiger Jahre zeigte die Weltwirtschaft wieder starke Erholungstendenzen, die sich auch auf die deutsche Volkswirtschaft positiv auswirkten. Die beschleunigte Aufrüstung in Deutschland stimulierte das Wachstum der davon tangierten Industrien. Ausgewählte Industriezweige konnten auf Grund der nationalsozialistischen Außenwirtschaftspolitik ihre ökonomische Position wieder stabilisieren oder gar ausbauen. Sie sorgten mit dem Export ihrer Fertigerzeugnisse dafür, dass strategische Rohstoffe, Nahrungsgüter und spezielle Industrieausrüstungen für die Kriegsvorbereitung importiert werden konnten.

Die nationalsozialistische Führung in Thüringen hatte sich frühzeitig darum bemüht, durch verschiedene Maßnahmen den Folgen der Weltwirtschaftskrise zu begegnen. Sie nutzte dabei den Vorteil, dass sie den Regierungsapparat schon einige Zeit beherrschte und darum unverzüglich von den verschiedenen Arbeitsbeschaffungsprojekten der neuen Reichsregierung profitieren konnte. Vor allem sorgte sie für die Vergabe möglichst großer und breit gefächerter Rüstungsaufträge an die thüringische Industrie.

Hermann Görings Auftrag vom Dezember 1936 folgend, ließ Fritz Sauckel, Reichsstatthalter und Gauleiter der NSDAP in Thüringen, einen Plan zur Durchführung des Vierjahrplanes im Gau Thüringen ausarbeiten, der die Maßnahmen enthielt, die geeignet waren, die thüringische Wirtschaft auf einen Krieg vorzubereiten und die dazu erforderliche Infrastruktur zu schaffen. Dabei konnte man sich auf begünstigende Faktoren stützen. Dazu gehörten - wie noch zu zeigen ist - die weiter im Wandel begriffene Gewerbestruktur, die fachliche Qualifikation der thüringischen Arbeiterschaft, das allgemein niedrige Lohnniveau, die Arbeitskräftereserven und das dichte Verkehrsnetz, das durch den Bau der Reichsautobahn noch bereichert wurde. Thüringen lag im Zentrum des Reiches und in angemessener Entfernung von den Landesgrenzen. Es war von allen Teilen des Reiches relativ rasch zu erreichen und schien die gebührende Sicherheit vor Luftangriffen zu bieten.

17. Zügiger Ausbau der Energiewirtschaft

Eine der Grundbedingungen für das weitere Wachstum des thüringischen Gewerbes, aber auch anderer Wirtschaftsbereiche, bestand im zügigen Ausbau der regionalen Energiewirtschaft. Er erfolgte in den Zwanzigerjahren auf zweierlei Weise. Zum einen gingen die städtischen Gasanstalten dazu über, ihre Absatzgebiete durch den Aufbau einer Ferngasversorgung zu erweitern. Dazu entstanden in Thüringen vier größere Versorgungsnetze. Eines nahm seinen Ausgangspunkt in Neustadt bei Coburg und erstreckte sich nach Lauscha, Sonneberg und Hasenthal. Das zweite führte von Suhl nach Zella-Mehlis und Oberhof und das dritte von Saalfeld nach Blankenburg, Schwarzburg, Königsee und Rottenbach. Die Arnstädter Gasanstalt bildete das Zentrum des größten Versorgungsnetzes im Lande. Mitte der Zwanzigerjahre hatte sie ihre Leistungsgrenze erreicht, sodass ein Neubau erwogen werden musste. Da zur gleichen Zeit auch die Gaswerke in Langenwiesen und Geraberg nicht mehr den Anforderungen entsprachen, kam man überein, die beiden alten Anstalten stillzulegen und das neue Gaswerk in Arnstadt so auszulegen, dass es einen größeren Einzugsbereich versorgen konnte. Dazu gründeten die Stadt Arnstadt und die Apoldaer Gasgesellschaft eine GmbH. Arnstadt brachte das Gaswerk in die Gesellschaft ein und sicherte sich so die Aufsicht über das Unternehmen. Die GmbH errichtete 1926 das moderne, mit Kammeröfen ausgerüstete Zentralgaswerk, das insgesamt 25 Gemeinden versorgte. Es hatte Abnehmer, die 37 km vom Arnstädter Gaswerk entfernt lebten. Seit den Dreißigerjahren bezog man in Thüringen Gas aus Magdeburg und Böhlen. Diese Werke deckten in der ersten Hälfte der Vierzigerjahre ein Drittel des einheimischen Gasbedarfs.

In der Elektroenergieversorgung des Landes kam es seit Beginn der Zwanzigerjahre zu erheblichen Fortschritten. Da der Elektrifizierungsprozess in den thüringischen Staaten vor dem Ersten Weltkrieg höchst ungleich verlaufen war, sah sich die Landesregierung veranlasst, ein energiepolitisches Programm auszuarbeiten, das drei Ziele verfolgte. Zum Ersten sollten die einheimischen Wasserkräfte planmäßig zur Elektroenergieerzeugung genutzt werden. Zweitens galt es, die Landesenergieversorgung auszubauen und zu vereinheitlichen. Drittens war das Elektroenergienetz mit den benachbarten Energieerzeugungszentren zu verbinden. Im Mittelpunkt des Programms stand der Ausbau der Landesenergieversorgung, weil die einheimischen Kraftwerke auf Grund ihrer durch Krieg und Inflation verursachten Kapitalschwäche nicht im Stande waren, ihre Kapazitäten dem wachsenden Bedarf anzupassen. Deshalb griff die thüringische Staatsregierung helfend ein. In der Voraussicht, dass der sinkende Preis für Kraftstrom die Unternehmen veranlassen werde, auf die Kohle als Energieträger mehr und mehr zu verzichten, hielt sie es für zweckmäßig, ein energiewirtschaftliches Unternehmen zu schaffen, das bei aller Rücksicht auf seine Wirtschaftlichkeit nicht ausschließlich auf die Erzielung von Gewinn ausgerichtet sein musste.

Die Staatsregierung gründete in Verbindung mit Landkreisen und den im Lande tätigen größeren Elektrizitätsunternehmen im Herbst 1923 die Thüringische Landeselektrizitätsversorgungs AG. Das Land übernahm die Aktienmehrheit des Thüringenwerkes von 51 Prozent. Die restlichen 49 Prozent entfielen auf private Elektrizitätswerke, Landkreise und Gemeinden. Das gemischtwirtschaftliche Thüringenwerk war ein Unternehmen, dessen Aufgaben von einem Projekt bestimmt wurde, das Oskar von Miller für Thüringen entworfen hatte. Es sah vor, die großen Dampfkraftwerke im Lande durch eine 50 kVolt-Leitung miteinander zu verbinden, die Wasserkraftanlagen einzubeziehen und durch Zubringerleitungen die Verbindungen zu den Elektroenergieerzeugungszentren in den Nachbarländern herzustellen. In diesem Zusammenhang sollten die leistungsstarken Kraftwerke die kleinen und unwirtschaftlich arbeitenden allmählich aufsaugen. Dem Thüringenwerk fiel die Aufgabe zu, als Stromverteiler für den Gesamtverbrauch zu fungieren. Gleichzeitig belieferte es andere Kraftwerke mit Elektroenergie, die in werkseigenen Anlagen erzeugt wurde. Das Thüringenwerk gab aber keinen Strom an Endverbraucher ab. Ihm gehörte die 50 kV-Leitung, die dazugehörigen großen Transformationsstationen und die Verbindungsleitungen zu den Nachbarländern. Nach einer Kapitalerhöhung auf eine Million RM nahm das Thüringenwerk im Sommer 1924 den Bau der Hochspannungsleitung in Angriff. Im November des gleichen Jahres waren die Verbindungen zwischen Erfurt und Gispersleben sowie zwischen Erfurt-Weimar-Apolda hergestellt, sodass das Gisperslebener Kraftwerk Weimar und das Elektrizitätswerk in Apolda mit Strom versorgen konnte. Das Thüringenwerk baute die Kapazitäten im Erfurter Kraftwerk aus. Dieses Kraftwerk war 1924 aus dem Kommunalverband ausgeschieden und in eine Aktiengesellschaft umgebildet worden, an der sich die Stadt Erfurt, das Land Thüringen und die Provinz Sachsen beteiligten. Die Großkraftwerke der Erfurt AG erhielten bis 1926 eine Leistungsfähigkeit von 28.000 kWh. Bis 1926 war der Bau der Hochspannungsleitung soweit gediehen, dass sie von Gotha, über Gispersleben, Erfurt, Weimar, Apolda, Jena, Saalfeld und Probstzella nach Sonneberg führte. 1926 hatte man auch die 65 km lange 100 kVolt-Leitung zwischen Jena und Böhlen fertig gestellt. Das dazu in Jena errichtete 100/50-kV-Umspannwerk nahm im Winter 1926 den Betrieb auf. Altenburg-Stadt, Schmölln und Gößnitz wurden von der AG Sächsische Werke beliefert. 1926 gab das Thüringenwerk insgesamt 32,5 Millionen kWh nutzbare Energie ab.

Während des Ersten Weltkrieges hatten auf Initiative der Fa. Carl Zeiss Jena, die sich eine weitere größere Energiequelle schaffen wollte, die Arbeiten für eine systematische Erschließung der Wasserkräfte an der Oberen Saale begonnen. Zunächst erwarb das Jenaer Unternehmen die Holzstoff- und Pappenfabrik Ziegenrück mit der Fernmühle, in der seit Anfang des Jahrhunders Wasserkraft in Elektroenergie umgewandelt wurde. Ihre maschinelle Ausstattung bestand aus zwei Francis-Turbinen und einem AEG-Generator. Die abgegebene Höchstleistung belief sich auf 150-160 kWh. Die Elektroenergie wurde nach Jena geleitet. Im März 1919 begannen die Arbeiten am Wasserkraftwerk Wisenta, die von der Nürnberger Firma Dyckerhoff & Widmann ausgeführt wurden. Das Kraftwerk erhielt zwei gleichartige Francis-Spiralturbinen von der Fa. Escher & Wyss in Ravensburg und zwei Generatoren von der Fa. Siemens & Schuckert in Berlin. Jede der Maschinen leistete 600 kWh. Im Dezember 1920 konnte der erste Strom über eine 10 kV-Leitung von 7,2 km Länge in das Netz der Kraftwerk-Sachsen-Thüringen AG abgegeben werden, von dort wurde er über die zwischen 1920 und 1922 angelegten 50 kV-Leitung nach Burgau geführt und vom Zeiss-Werk Jena bzw. vom Glaswerk Schott & Gen. in Jena abgenommen. Das Conrads-Kraftwerk ließ die Fa. Carl Zeiss in den frühen Zwanzigerjahren an der Saale bei Ziegenrück mit drei Maschinensätzen errichten, die wiederum die Fa. Escher & Wyss lieferte. Entsprechend der Wasserführung in diesem Werk waren es Francis-Schachtturbinen, von denen zwei Maschinensätze jeweils 1.320 PS und der dritte Satz 815 PS leisteten.

Nach der Gründung des Landes Thüringen nahm das Wirtschaftsministerium die Nutzung der einheimischen Wasserkräfte in eigene Regie. Sie gründete die AG Obere Saale, deren Aufgabe es war, am oberen Flusslauf der Saale zwei große Talsperren zu errichten. Anfang der zwanziger Jahre ging man auch daran, Wasserkräfte der Werra in Spichra bei Eisenach zur Elektroenergiegewinnung zu nutzen. Dort hatten das Land Thüringen und der Kreis Eisenach im Herbst 1925 die Wasserkraftwerke AG gegründet und das Kraftwerk in Betrieb genommen. Die im Kraftwerk installierten drei Turbinen erzeugten bei geeigneter Wasserführung ca. vier Millionen kWh. Die Energie wurde über eine 14 km lange 30 kVolt-Leitung nach Eisenach transportiert und von der Thüringischen Elektrizitätsliefergesellschaft in Gotha verwertet. Nachteilig war, dass der von dieser Anlage erzeugte Strom Tag und Nacht abgenommen werden musste. Mitte der Dreißigerjahre belief sich die im Raum Thüringen zur Elektroergieerzeugung genutzte mittlere Wasserkraft auf insgesamt 52.215 PS.

Zwischen 1936 und 1942 entstanden die Hohenwartetalsperre und das Ausgleichsbecken Eichicht. Das war die Voraussetzung für die Errichtung des Pumpspeicherwerkes Hohenwarte I zwischen 1942 und 1945. Der Kriegsverlauf verhinderte allerdings die vollständige Fertigstellung der Kraftwerksanlage.

1944 wurden in Thüringen 109 kWh Elektroenergie aus Wasserkraft gewonnen. Das waren 17 Prozent des thüringischen Energiebedarfs.

18. Fortschritte in den Wachstumsindustrien

Der Maschinenbau

Am Beginn der Zwanzigerjahre erhielt der thüringische Werkzeugmaschinen- und Spezialmaschinenbau durch das Bestreben seiner Kunden, die günstigen Bedingungen, die die Inflation für Investitionen bot, zu nutzen, um den während des Krieges verschlissenen Maschinenpark zu erneuern, neue Impulse. Seit Mitte dieses Jahrzehnts veränderte sich die Situation für die Maschinenbauer in mehrfacher Hinsicht. Die Tendenzen zu einer rationelleren Gestaltung der technisch-technologischen Prozesse in den Industriezweigen, für die sie vornehmlich arbeiteten, regte sie dazu an, mit entsprechenden Neuerungen aufzuwarten. Im Vordergrund stand dabei die Erschließung der Möglichkeiten, die der Elektroantrieb bot. Sie bestanden sowohl in der Anpassung des elektrischen Einzelantriebs an die bereits genutzte Maschinerie als auch im gezielten Erschließen der Vorzüge des elektrischen Einzelantriebs bei der Neukonstruktion von Maschinen und anderer technischer Einrichtungen. Die fortschreitende Elektrifizierung beförderte aber nicht nur die technische Umrüstung in den schon bestehenden Industriezweigen, sondern hatte für den Spezialmaschinenbau zwei weitere Effekte. Sie erschloss in der Handwerkerschaft einen neuen Kundenkreis, weil der elektrische Einzelantrieb den Maschineneinsatz in einer Reihe von Gewerken gestattete, in denen bislang die Arbeitstätigkeiten nur manuell ausgeführt werden konnten. Mit der Technisierung der handwerklichen Arbeiten entstand zugleich die Voraussetzung dafür, dass sich in diesen Bereichen der gewerblichen Wirtschaft die industriemäßige Produktion ausbilden konnte. Das betraf bestimmte Branchen des Bekleidungs-, Holzverarbeitungs- oder Nahrungsgütergewerbes.

Die thüringischen Maschinenbauer bezogen - wie auch andere Unternehmen der Metallverarbeitenden Industrie - einen Teil ihrer Halbzeuge aus der Maximilianshütte in Unterwellenborn. Dieses Unternehmen modernisierte 1929 das Hochofenwerk und errichtete ein Thomasstahl- und ein Walzwerk. 1937/38 kam ein Elektrostahlwerk hinzu, in dem hochwertige Qualitätsstähle erzeugt werden konnten. Ende der Dreißigerjahre umfasste das Fertigungsprogramm der Maximilianshütte Gießereiroheisen, Thomasstahl, Sonderstähle und Walzerzeugnisse unterschiedlicher Art.

Unerfüllte Hoffnungen der Automobilbauer

Die fortschreitende Motorisierung des Straßenverkehrs ermunterte seit 1919 die thüringischen Unternehmen, die schon vor 1914 Automobile gebaut hatten und während des Krieges verschiedentlich Lastkraftwagen herstellten, an ihr altes Fertigungsprogramm anzuknüpfen. Zugleich wandten sich auch andere Firmen dem Kraftfahrzeugbau zu. Zunächst dominierte die Fabrikation von Personenkraftwagen für wohlhabende Bevölkerungskreise. Einige Firmen widmeten sich dem Lastkraftwagen- und Omnibusbau. Thüringische Autobauer trugen durch technische Neuerungen auf dem Gebiet der Motorentechnik und der Karosseriegestaltung zur Entwicklung des Fahrzeugbaus bei. Die Fa. Simson in Suhl bot 1924 einen Sportwagen an, dessen Motor einen Leichtmetallkolben hatte und der über eine mechanische Vierradbremsung verfügte. Die Fa. Ley in Arnstadt konstruierte 1922 eine aerodynamisch gut gestaltete Karosserie, durch die der Treibstoffverbrauch nennenswert reduziert wurde. Allerdings konnte das Unternehmen aus Kostengründen daraus keinen geschäftlichen Nutzen ziehen. Die Fa. Apollo in Apolda wartete 1924 mit einem Rennwagen auf, dessen strömungstechnisch gestylte Karosserie in Fachkreisen Aufsehen erregte.

Die Automobile wurden zumeist auf handwerklicher Basis und in kleinen Stückzahlen hergestellt.

Den thüringischen Automobilbauern blieb allerdings ein dauerhafter Erfolg versagt, denn sie vermochten sich gegen die in- und ausländische Konkurrenz nicht durchzusetzen. Die Gründe dafür lagen in der Ausrichtung ihrer Produktpalette auf einen wohlhabenden Kundenkreis, in der ungenügenden Kapitalkraft ihrer Unternehmen sowie in den Nachteilen ihres Produktionsstandortes. Da in den Zwanzigerjahren das Automobil zunehmend seinen Charakter als Luxusgut verlor und mehr und mehr zu einem Gebrauchsgegenstand wurde, veränderte sich das Preisgefüge. Die teuren Fahrzeuge fanden nicht mehr hinreichend Abnehmer. Das hatte wiederum Konsequenzen für die thüringischen Automobilbauer, die das Material über größere Entfernungen herantransportieren mussten. Die Transportkosten ließen sich nicht mehr durch die erzielten Verkaufserlöse kompensieren. In der zweiten Hälfte der Zwanzigerjahre sah sich ein Automobilproduzent nach dem anderen zur Aufgabe seines bisherigen Fertigungsprogramms genötigt. Eine Ausnahme bildete die Fahrzeugfabrik Eisenach AG, die während des Krieges schwere Heereslastkraftwagen hergestellt hatte. Sie nahm 1918 die Produktion von Personenkraftwagen wieder auf. Die qualitativen Vorzüge und der moderate Preis des PKW Dixi trugen mit zur wirtschaftlichen Stabilisierung des Werkes bei. 1927 erwarb das Eisenacher Unternehmen die Lizenz des englischen 750 ccm-Kleinwagens. 1928 übernahmen die in München ansäßigen Bayerischen Motorenwerke die Fahrzeugfabrik Eisenach und führten sie als Zweigniederlassung weiter. Das Eisenacher Werk beschäftigte zu dieser Zeit ca. 1.850 Arbeiter und Angestellte. Der neue Eigentümer war daran interessiert, eigene Modelle zu entwickeln und zu bauen. Der Dixi 3/15 erfreute sich bei der deutschen Kundschaft bald einer großen Beliebtheit. 1928, dem ersten Produktionsjahr dieses Fahrzeugs in Eisenach, wurden 9.308 Wagen gebaut. Der zügige Absatz dieses Fahrzeugs erlaubte die Einführung der Fließfertigung. Später entstanden der zweisitzige BMW Wartburg (D 3) und der BMW D 4. 1936/37 ließ BMW in Eisenach ein Flugzeugmotorenwerk errichten, in dem komplette Motoren gebaut und Motorenteile gefertigt wurden.

Für den deutschen Fahrzeugbau gewann die Rheinische Metallwaaren- und Maschinenfabrik Sömmerda AG eine besondere Bedeutung. Ihrem Mitarbeiter, Fritz Foudi, war es gelungen, bei Kardanwellen die Voll- durch eine Hohlwelle zu ersetzen. Derartige Wellen setzte man im Auto-, Schienenfahrzeug- und Flugzeugbau ein. Das Sömmerdaer Unternehmen deckte 1929 83 Prozent des Gelenkwellenbedarfs der Autoindustrie. Foudi entwickelte auch pneumatisch gefederte Schwingachsen, die vornehmlich bei Flugzeugfahrgestellen verwendet wurden.

Die Fa. Carl Zeiss Jena - kreatives Zentrum des optischen Gerätebaus

In den Zwanziger- und frühen Dreißigerjahren verlagerten sich die Schwerpunkte der Innovationstätigkeit im Zeiss-Unternehmen vor allem auf jene optischen Instrumente, die in der industriellen und landwirtschaftlichen Forschung und Praxis sowie im Bauwesen benötigt wurden.

Seit den frühen Zwanzigerjahren kamen verstärkt optische Messgeräte in den Laboratorien der industriellen Unternehmungen und im Bergbau zum Einsatz. Rasche Verbreitung fanden das Konimeter zur Messung des Staubgehaltes der Luft von 1928 und der Ultraviolett-Spektrograph Q 24 von 1933, der es ermöglichte, Beimengungen aller Art in Metallen zu bestimmen. Im Maschinen-, Anlagen- und Fahrzeugbau erhöhte sich in diesen beiden Jahrzehnten das Bedürfnis, die Erzeugnisqualität zu sichern. Gleichzeitig nahm das Bestreben zu, Bauelemente und -gruppen zu normieren und zu standardisieren. Zeiss-Mitarbeiter wirkten in dem 1917 gegründeten Normenausschuss der deutschen Industrie mit. Diese beiden Tendenzen in der Metall verarbeitenden Industrie ließen sich nur mit Hilfe einer sicheren und effizienten Feinmesstechnik realisieren. Das Zeiss-Werk nutzte die Erkenntnisse, die es seit längerem auf feinmesstechnischem Gebiet gesammelte hatte, für die Herausbildung eines neuen Geschäftszweiges. 1918/19 brachte das Unternehmen zunächst mechanische Messmittel auf den Markt, wandte sich aber bald dem Bau von Feinmessgeräten zu, in denen Optik und Feinmechanik miteinander verbunden waren. Das erste Instrument dieser Art war das Optimeter mit waagerechten Ständer, das 1920 auf der Leipziger Frühjahrsmesse gezeigt wurde. Mit diesem Unterschiedsmessgerät, das auf Endmaße als Vergleichsnormale aufbaute, wurde ein neuer Weg im optischen Instrumentenbau beschritten. 1920 folgte das Werkzeugmikroskop mit einem Zweikoordinatenmesstisch. Eine der frühen Neuerungen in der industriellen Feinmesstechnik stellte die Längenmessmaschine von 1922 dar, bei der die Eigenschaften der abbildenden optischen Systeme genutzt wurden und das Eppensteinsche Prinzip angewandt wurde, mit dessen Hilfe Fehler erster Ordnung, die durch das Nebeneinanderliegen von Prüfling und Maßstab entstanden, beseitigt werden konnten. 1924 kam dann das Große Werkzeug-Mikroskop auf den Markt. Das Universalmessmikroskop, dessen Serienfertigung 1926 begann, erlaubte Längen- und Winkelmessungen, Form- und Rundlaufprüfungen, Kegelmessungen usw., wozu man bislang verschiedene Einzweckmessgeräte benötigte. Mit Hilfe des Universalmessmikroskops gelang es, ein für die Gewindenormung unerlässliches Gewindelehrensystem aufzustellen. Schließlich soll noch der Abbe-Längenmesser waagerecht von 1932 hervorgehoben werden.

Nach dem Ersten Weltkrieg ließen die Fortschritte in der Geophysik sowie im Bau- und Verkehrswesen die qualitativen und quantitativen Ansprüche an den geodätischen Instrumentenbau wachsen. Das einschlägige Erzeugnissortiment des Zeiss-Unternehmens, das auf die unterschiedlichen Einsatzgebiete ausgelegt und ständig vervollkommnet wurde, entsprach diesen Ansprüchen. Unter den neu geschaffenen geodätischen Instrumenten nahmen der optische Theodolit Theo I von 1924, das Reduktionstachymeter Redta II für die Tachymetrie mit horizontaler Messlatte von 1929 sowie das Kurventachymeter Dahlta mit vertikaler Messlatte von 1938 einen besonderen Platz ein.

Auf die Erfahrungen der terrestrischen Fotogrammmetrie gegründet, kristallisierte sich unmittelbar nach dem Ersten Weltkrieg im Zeiss-Unternehmen die Aerofotogrammmetrie als ein zukunftsträchtiges Arbeitsgebiet heraus. Militärische und zivile Interessenten regten in den Zwanziger- und Dreißigerjahren den Aufbau eines weitgehend geschlossenen Systems von Luftbildaufnahme-, Betrachtungs- und Auswertegeräten an. Stimuliert wurden diese Arbeiten vor allem durch das 1921 fertig gestellte Universalauswertegerät Stereoplanigraf, mit dem erstmals Karten auf der Grundlage von Luftbildern hergestellt werden konnten, sowie durch die speziell für die Luftbildmesskammern entwickelten Fotoobjektive. Dazu gehörten das Normalwinkelobjektiv Metar von 1925, das Weitwinkelobjektiv Topogon von 1934 und das Überweitwinkelobjektiv Pleon von 1938.

Die Anregungen von Medizinern führten in den Zwanzigerjahren zur Entwicklung von optischen Instrumenten für die medizinische Praxis. 1920 brachte das Zeiss-Unternehmen das einfache Operationsmikroskop auf den Markt, das erstmals die mikroskopische Betrachtung in der Chirurgie gestattete. Von den optischen Instrumenten für die Augenheilkunde erlangten das Parallaxen-Refraktometer nach Henker zur Sehschärfenprüfung von 1922, die reflexfreie Nordenson-Netzhautkamera von 1929, das Ophthalmometer zur Messung von Hornhautkrümmungsradien und Astigmatismus und das Projektionsperimeter nach Maggiore zur Gesichtsfeldmessung von 1936 als herausragende Innovationen Bedeutung.

Eine außergewöhnliche Leistung im Jenaer astronomischen Instrumentenbau war die zwischen 1922 und 1924 entstandene Sonnenbeobachtungsanlage für den Einstein-Turm in Potsdam. 1923 eröffnete sich das Zeiss-Werk mit der Vorstellung des Projektions-Planetariums Modell I vor dem Aufsichtsrat des Deutschen Museums ein spezielles Arbeitsfeld. Nachdem das Instrument im Mai 1925 der Öffentlichkeit zugänglich war, ließen Interessenten bis 1939 in 26 deutschen und ausländischen Großstädten Zeiss-Planetarien errichten.

Zu den bemerkenswerten Fortschritten der Fa. Carl Zeiss trugen die Leistungen der Fa. Jenaer Glaswerk Schott & Gen. auf dem Gebiet der optischen Spezialgläser maßgeblich bei.

Drei bedeutende Standorte der deutschen Büromaschinenindustrie

Seit 1908 baute die Fa. Schilling & Kramer in Suhl Schreibmaschinen. Auch in Zella-Mehlis waren bereits vor dem Ersten Weltkrieg Produzenten von Schreib- und Rechenmaschinen beheimatet.

Die Fa. Rheinmetall Sömmerda, die Ende 1918 die Produktion für das Militär einstellen musste, wandte sich der Fabrikation von Wasserhähnen, Armaturen, Milchzentrifugen und Maschinen für die Schuhindustrie zu. Im Sommer 1919 entstand der Plan, Büromaschinen in das Fertigungsprogramm aufzunehmen. Es wurde der auf diesem Gebiet ausgewiesene Heinrich Schweitzer gewonnen, der Schreibmaschinen entwarf und die Grundlage für ihre Herstellung schuf. Im Februar 1920 konnte mit der Produktion von Schreibmaschinen begonnen werden. Im Dezember des gleichen Jahres trat Richard Berg, der Erfahrungen im Bau von Rechenmaschinen hatte, in das Sömmerdaer Unternehmen ein. Er stellte 1921 das erste Modell einer Rechenmaschine vor, das in ausgereifter Form 1922 hergestellt wurde. Damit trug das Unternehmen, das seit 1923 formell selbstständig war und unter Rheinische Metallwaaren- und Maschinenfabrik Sömmerda AG firmierte, den Technisierungstendenzen in Industrie und Verwaltung Rechnung und förderte mit seinen bürotechnischen Erzeugnissen die Rationalisierungsbestrebungen. Im Laufe der zwanziger Jahre wurden die Büromaschinen ständig vervollkommnet und das Sortiment erweitert. Anfang der Dreißigerjahre bot das Unternehmen neben den Standardschreibmaschinen Kleinschreibmaschinen, Rechenmaschinen, Addiermaschinen, Fakturiermaschinen unterschiedlicher Bauart an. Der Anteil der Schreibmaschinen am Umsatz dieses Unternehmens erhöhte sich zwischen 1926/27 bis 1928/29 von 4,3 auf 11 Prozent.

Die Königliche Gewehrfabrik in Erfurt, die Ende 1918 die Waffenproduktion aufgab, und nun als Betriebsteil der Deutschen Werke AG unter der Regie des Reichschatzministeriums stand, ging zunächst zur Herstellung von Sport- und Jagdwaffen über. 1923 erwarb die AEG 50 Prozent der Aktien dieses Betriebsteiles, der nun unter AEG-Deutsche Werke AG firmierte. Die AEG nutzte die Arbeitsfertigkeiten der Feinmechaniker und richtete 1924 eine Schreibmaschinenproduktion ein, die in den folgenden Jahren nach modernen technologischen Gesichtspunkten gestaltet wurde. Danach konnten täglich 35 bis 40 Schreibmaschinen des AEG-Modells 6 gefertigt werden. Das neue Produktionsprogramm wurde durch Büromöbeln und Maschinenzubehör ergänzt. 1930 erwarb die AEG alle Aktien des Erfurter Unternehmens und führte es unter der Firma Europa Schreibmaschinen AG.

Ein vielseitiges elektrotechnisches Produktionssortiment

In den Zwanzigerjahren setzte sich die Ausbildung der elektrotechnischen Industrie in Thüringen fort. Das Produktionssortiment umfasste Installationsmaterial, elektrokeramische Erzeugnisse, Glühbirnen für Taschenlampen und Fahrzeuge, Taschenlampenbatterien, Armaturen, Isoliermaterial,

Schaltgeräte, Regler, Wärmegeräte, Radioapparate, Apparateteile und Röhren sowie Messgeräte.

Die Hermsdorf-Schomburg Isolatorengesellschaft baute nach dem Ersten Weltkrieg ihre führende Position auf dem Gebiet der Elektrokeramik weiter aus. Das Kabelwerk Vacha schuf sich vor allem mit seinen HF-Kabeln unter den Rundfunktechnikern einen guten Ruf.

Die vorteilhaften Standortbedingungen hatten elektrotechnische Großunternehmen dazu animiert, weitere Zweigwerke in Thüringen anzusiedeln. 1937 errichtete Telefunken in Erfurt das Gerätewerk, in dem Anlagen zur drahtlosen Nachrichtenübermittlung hergestellt wurden. 1939 kam am gleichen Standort ein Röhrenwerk hinzu. Der Berliner Elektrokonzern unterhielt in Neuhaus ein weiteres Röhrenwerk und eine Fertigungsstätte für elektrische Anzünder und Kochgeräte in Blankenburg. Die Siemens & Halske AG betrieb Außenwerke in Arnstadt, Großbreitenbach, Stadtilm und in Gera. Die Siemens-Schuckert-Werke AG hatte ein Gerätewerk in Sonneberg, eine Porzellanfabrik in Neuhaus a. R eingerichtet und führte die Fa. Stock & Co. AG in Königsee. Die Siemens-Reiniger-Werke AG betrieb Außenwerke in Erfurt und Nordhausen sowie das Röntgenröhrenwerk in Rudolstadt.

Neue Produkte und Verfahren im Verbrauchsgütergewerbe

In der Verbrauchsgüterindustrie Thüringens zeigten sich in den Zwanziger- und frühen Dreißigerjahren verschiedene Tendenzen. An erster Stelle ist zweifellos die Anpassung der Produzenten an den sich nach Kriegsende rasch wandelnden Geschmack der Bevölkerung im In- und Ausland hinsichtlich der Bekleidung, des Hausrates, der Möbel, des Spielzeugs usw. zu nennen. Sodann kam es in einer Reihe von Zweigen zu einer Modernisierung des Produktionsapparates, wobei die Hauptimpulse vom elektrischen Einzelantrieb ausgingen. Das dichter werdende Netz der Elektroenergieversorgung und das wachsende Angebot elektrisch angetriebener Maschinen und

Werkzeuge erlaubte in Unternehmen, deren Produktion noch weitgehend manufakturmäßig organisiert war, weil sich die Anschaffung einer Dampfmaschine oder eines Gasgenerators mit dem aufwändigen Transmissionssystem nicht rentiert hatte, nun die Technisierung ausgewählter Arbeitsoperationen. Dabei war für kapitalschwache Unternehmen von Vorteil, dass die technischen Möglichkeiten Schritt für Schritt genutzt werden konnten. Dadurch waren sie nicht gezwungen, zu einem bestimmten Zeitpunkt eine große Investitionssumme aufzubringen, sondern konnten den Technisierungsprozess entsprechend ihrer jeweiligen Geschäftssituation vornehmen. Das Gleiche galt für das Handwerk. Handwerksmeister konnten für einzelne Verrichtungen Maschinen benutzen. Das erleichterte es ihnen auch, sich gegen die industriellen Konkurrenten zu behaupten.

In der thüringischen Textilindustrie herrschte noch immer die Kammgarnerzeugung und -verarbeitung vor. Das Garn wurde für den überregionalen Markt hergestellt, aber auch im Lande vornehmlich zu Damenkleidertuchen verarbeitet. Die Streichgarnverarbeitung konzentrierte sich weiterhin in Pößneck und Neustadt a.d.Orla. Technische Neuerungen bestanden in der zunehmenden Anwendung des elektrischen Einzelantriebs, in der größeren Geschwindigkeit der Spinnmaschinen und Webstühle. Die Regelbarkeit und das größere Anzugsmoment der Elektromotoren entsprachen der Spinnmaschine und dem Webstuhl in einer besonderen Weise. In den Spinnereien, die in dem betrachteten Zeitraum ihren Maschinenpark erneuerten, trat an die Stelle der Wagenspinner die mit neuen Hochverzugsstreckwerken versehenen Ringspinnmaschinen. Der Einsatz von Einprozessanlagen ermöglichte, den Spinnstoff vom Ballen zum Wickel durch verschiedene Einzelmaschinen zu führen, ohne dass er von Menschenhand berührt werden musste. Am Automatenwebstuhl kam es durch den Webstuhlwächter zu Verbesserungen, denn diese Einrichtung überwachte den gesamten Webvorgang. Sie gab über die

Arbeitsweise des Stuhles und die Tätigkeit des Webers Auskunft, der nun mehrere Webstühle beaufsichtigen konnte.

Die seit 1933 von den Nationalsozialisten ins Auge gefasste Substitution von Wolle und Baumwolle durch Zellwolle führte dazu, dass am 29. Juni 1935 auf Initiative der NSDAP-Gauleitung die Thüringische Spinnfaser AG Weimar - seit 11. März 1936 Thüringische Zellwolle AG Schwarza - gegründet wurde. Im gleichen Jahr nahm man in Schwarza die Versuchsproduktion auf. Zwischen 1937 und 1941 erhöhte sich die Zellwollproduktion um 232 Prozent. Neben Zellwolle stellte das Unternehmen auch Zellumin her. Das war ein Material, aus dem sich Schwimmwesten, Schlauchboote, Gasplanen usw. fertigen ließen. Die wissenschaftlich-technischen Arbeiten in Schwarza, die vorrangig rüstungswirtschaftlichen Zwecken dienten, führten zugleich zu Erkenntnissen, die nach dem Krieg für die zivile Produktion bedeutsam werden sollten. Schwarza wurde Zentrum einer innovationsträchtigen Industrie in Thüringen. In der Bekleidungsindustrie fanden verschiedene elektrisch betriebene Einrichtungen Verwendung. Dazu gehörten in erster Linie die von Elektromotoren angetriebene Industrienähmaschinen und Zuschneidemaschinen, elektrische Bügeleinrichtungen und Transportanlagen. Derartige technische Lösungen wurden auch in der Leder verarbeitenden Industrie angewandt.

Die Fa. Schott & Gen. sah sich auf Grund des rückläufigen Absatzes von Zylindern für Gasglühlichtlampen, aber auch wegen der in den Kriegsjahren gewachsenen Konkurrenz auf internationalen Märkten genötigt, neue Geschäftsfelder zu erschließen. Das gelang seit Anfang der Zwanzigerjahre mit den aus temperaturwechselbeständigem Glas gefertigten Haushaltsartikeln. Borosilicatglas war vor dem Ersten Weltkrieg im Schott-Werk entwickelt und zunächst für Laboratoriumsausrüstungen verwendet worden. Als erstes europäisches Unternehmen brachte es 1921 Teegläser und Kindermilchflaschen, 1922 Koch- und Backgeschirr auf den Markt. Im Laufe der Jahre wurde das Sortiment erweitert. Von besonderer Bedeutung war, dass die Geschäftsleitung der Fa. Schott & Gen. Künstler damit beauftragte, die Produkte nach ästhetischen Gesichtspunkten zu gestalten. So entwarf Wilhelm Wagenfeld das berühmte Teegeschirr aus Glas.

Unterschiedlich gestaltete sich die Situation für die vielen kleinen Produzenten der Glasverarbeitung. Während die leistungsfähigen Firmen des Glasinstrumentenbaus vom wissenschaftlichen Fortschritt in der Chemie und Physik und in den einschlägigen Industriezweigen profitierten, litten die Zierglashersteller unter einer stark schwankenden Nachfrage nach ihren Erzeugnissen. Ebenso erging es den Zierporzellanproduzenten.

In der Nahrungsgüterindustrie nahm der Technisierungsprozess ebenfalls zu. In den Schlachthöfen und in den Fleisch- und Wurstfabriken hielt das mit Hebzeugen kombinierte Transportband, an dem das Ausschlachten der Tiere erfolgte, Einzug. In aufeinander folgenden Arbeitsgängen wurde der anfallende Rohstoff weiter verarbeitet. Dazu benutzte man die unterschiedlichen maschinellen Einrichtungen. Es soll nur auf die Darm- und Pansenreinigungsmaschinen verwiesen werden.

Die thüringische Spielwarenindustrie hatte in den Zwanzigerjahren unter den Folgen der im Ersten Weltkrieg unterbrochenen internationalen Geschäftsbeziehungen und unter der Kaufkraftschwäche der deutschen Bevölkerung besonders zu leiden. Aber die Spielzeugproduzenten stellten sich mit ihren Erzeugnissen erneut auf den veränderten Geschmack ein. Das wurde u.a. an der seit 1924 vertriebenen Neuen Reihe von Richter-Anker-Steinbaukästen deutlich, in die Elemente des Baushausstils eingegangen waren. Dem Zeitgeist folgend, bot das Rudolstädter Unternehmen Siedlungs- und Industriekästen an.

In den Zweigen der Verbrauchsgüterindustrie waren in den Zwanzigerjahren technisch-technologischen und betriebsorganisatorischen Veränderungen allerdings aus verschiedenen Gründen Grenzen gesetzt. Die in diesen Zweigen tätigen Unternehmen hatten in der Regel ein geringes Produktionsvolumen. Sie mussten auf die rasch wechselnde Nachfrage reagieren, die obendrein häufig saisonal auftrat. Das schränkte auch die Standardisierungsmöglichkeiten stark ein. Die in den einschlägigen Zweigen traditionell niedrigen Löhne erlaubten den Unternehmen aber auch, auf kostenaufwändige Investitionen zu verzichten. Das Verhältnis von Lohn- und Ausrüstungskosten sprach vielfach gegen eine riskante Modernisierung des Produktionsapparates. Hinzu kam, dass die Kapitalausstattung der Unternehmen gering und im Gefolge der Inflation stark beeinträchtigt worden war. Da die Banken in der Regel nicht gewillt waren, kleinen Unternehmen längerfristige Kredite zu gewähren, sahen sich die Unternehmen genötigt, technisch-technologische Neuerungen mit Eigenmitteln zu finanzieren.

Die Modernisierung in Unternehmen der Produktionsgüterindustrie

In der Produktionsgüterindustrie Thüringens vollzogen sich qualitative Veränderungen hauptsächlich in der Kali-, Braunkohlen- und Zementindustrie. Von besonderer Bedeutung waren die Wandlungen in der Kaliindustrie. In den zwanziger Jahren wuchs das Interesse an hochwertigen und leicht zu verarbeitenden Kainiten und Sylviniten. Der Anteil der Kainite am Gesamtaufkommen der Kalisalze, der 1913 in Thüringen 53 Prozent betrug, erhöhte sich bis 1928 auf 80 Prozent. Die Bedeutung von K2O armen Carnallititen ging hingegen stark zurück. Das hatte für den thüringischen Kalibergbau zwei Folgen. Zum einen stieg der Kaliabbau seit Mitte der Zwanzigerjahre rasch an. Zwischen 1926 und 1929 erhöhte sich die Kaliförderung in Thüringen von 2,4 auf 4,4 Millionen Tonnen. Zehn Jahre später, 1939, waren es in den beiden Revieren, 11,3 Millionen Tonnen. Damit vergrößerte die einheimische Kaliindustrie ihren Anteil an der Förderung dieses Rohstoffes in Deutschland von 19,5 Prozent im Jahre 1919 auf 40 Prozent im Jahre 1939. Zum anderen verlagerte sich der Schwerpunkt der Förderung in Thüringen vom Werra-Revier auf das Südharzgebiet. 1926 trug das Werragebiet 71 Prozent und das Südharzgebiet 29 Prozent zum Gesamtkaliaufkommen bei. Bis 1929 verschob sich das Verhältnis weiter zu Gunsten des Werrareviers, in dem nun bereits 75 Prozent der Kalisalze gewonnen wurden. Das Südharzrevier hingegen hatte nur noch einen Anteil von 25 Prozent. Im folgenden Jahrzehnt stieg der Anteil des Reviers wieder an. Er belief sich 1939 auf 40 Prozent.

Das rasche Wachstum der Kaliförderung in Thüringen basierte sowohl auf einer Modernisierung der technischen Grundlagen des Abbaus als auch auf betriebsorganisatorischen Veränderungen. In den Gruben nahm die Mechanisierung der Gewinnung und des Transports zu. Als Beispiel kann die Wintershall AG genommen werden. Dieses Unternehmen hatte seit 1919 ihre Aktivitäten im Werra-Revier verstärkt und in Merkers ein modern gestaltetes Produktionszentren geschaffen. Dort konzentrierte die Wintershall AG den Abbau in einem Doppelschacht. In gleicher Weise gingen auch andere Kaliunternehmen vor. Die gleiche Tendenz zeigte sich bei den Verarbeitungsbetrieben. 1924 gab es acht Unternehmen, die sowohl Gruben als auch Chlorkaliumfabriken betrieben. Vier Jahre später hatte sich die Anzahl der kombinierten Kaliunternehmen halbiert.

Die betriebsorganisatorischen Rationalisierungsmaßnahmen bewirkten ein beträchtliches Ansteigen der durchschnittlichen Förderung pro Grube. Sie belief sich 1924 auf 83.590 und 1928 auf 368.010 Tonnen. Beim Abbau des Rohsalzes herrschten bis zum Ausgang der Zwanzigerjahre die herkömmlichen Verfahren vor, die nun nach und nach durch modernere Abbbaumethoden ergänzt und schließlich ganz abgelöst wurden. Mit Hilfe einer von der Fa. Siemens-Schuckert entwickelten Bohrmaschine konnte die Zeit, die zum Anbringen von Sprenglöchern benötigt wurde, wesentlich verringert werden. Das erlaubte, den mit der Schrapperförderung möglich gewordenen Leistungsanstieg vollständig zu nutzen. Funktionstüchtige Schrapper waren zwischen 1927 und 1929 entwickelt und im Untertagebetrieb erfolgreich erprobt worden

Bei der Verarbeitung der Rohsalze kam es in den Zwanzigerjahren ebenfalls zu bemerkenswerten Neuerungen. Auch hierbei nahm wiederum die Wintershall AG eine führende Position ein. Sie baute zwischen 1923 und 1925 in Merkers eine Fabrik, die die größte ihrer Art in der Welt war. Sie verarbeitete nicht nur die Rohsalze aus eigenen Schächten, sodass kleinere Fabriken nur noch in Spitzenzeiten in Anspruch genommen wurden. Die Wintershall AG konzentrierte bis 1931 Rohsalzaufarbeitung in drei Fabriken und ging davon ab, in jeder Fabrik das volle Sortiment herzustellen. Vielmehr wurde das Produktionsprogramm der einzelnen Fabriken fortan von der Spezifik der jeweiligen Vorkommen bestimmt. Da in dem betrachteten Zeitraum der Bedarf verschiedener Industriezweige an Glaubersalz, Bittersalz und Brom stark zunahm, betrieb man in Merkers auch großtechnische Anlagen, um diese Nebenprodukte, die bei der Rohsalzverabeitung anfallen, zu gewinnen.

In der thüringischen Braunkohlenindustrie vervollkommneten die großen Unternehmen den Reproduktionskreislauf von Energieerzeugung, mechanisierter Gewinnung mittels großer Abraum- und Fördergeräte im Tagebau und technisch durchgestalteter Briketterzeugung. Das führte zu einer Konzentration der Produktion und zur Leistungssteigerung in den Gruben und Brikettfabriken. Von 1919 bis 1926 stieg die Rohkohleförderung im Altenburg-Meuselwitzer Revier an, ging aber in den folgenden Jahren zurück. Ebenso sank die Nasspresssteinerzeugung. Demgegenüber erhöhte sich die Brikettproduktion bis zum Jahre 1929.

Der Erzbergbau, insbesondere die Förderung von Manganerz, nahm in der zweiten Hälfte der Zwanzigerjahre einen bemerkenswerten Aufschwung. Die Erzförderung stieg von 25.152 Tonnen im Jahre 1926 auf 148.322 Tonnen im Jahre 1928, um dann im folgenden Jahr auf 139.616 Tonnen abzufallen. Manganerz wurde in Luisenthal und Geraberg gewonnen, Eisenerz in Schmiedefeld und Spat in der Umgebung von Ilmenau.

Das Bestreben der nationalsozialistischen Wirtschaftspolitik, die Importabhängigkeit der deutschen Volkswirtschaft zu verringern, führte in Thüringen zum steigenden Abbau von Erzvorkommen. Als Beispiele sollen der Fluss- und Schwerspatbergbau in den Kreisen Arnstadt, Saalfeld und Schmalkalden, die Gewinnung der Eisenerzvorkommen in Schmalkalden, Schmiedefeld, Wittmannsgereuth und Klinge sowie der Manganerzbergbau angeführt werden. Das in Oberböhmsdorf liegende Antimonvorkommen, dessen Abbau 1872 eingestellt worden war, wurde 1938 durch die Thüringer Rohstoff AG erneut erkundet und seit 1939 wieder ausgebeutet.

Der nach dem Ersten Weltkrieg weitergeführte Wandel im Materialeinsatz im Bauwesen, der sich in vermehrter Verwendung von Kalkstein, Kunststein, Beton und Eisenbeton äußerte, stimulierte die thüringische Baustoffindustrie. Davon profitierten vor allem die größeren Kalkwerke in Culm, Gera und Langenberg sowie die vier Zementwerke in Thüringen, insbesondere die beiden leistungsstarken in Göschwitz und Dorndorf-Steudnitz sowie das mittelständische Unternehmen in Bad Berka. In den mit Schachtöfen ausgerüsteten Zementwerken konzentrierte man sich weiterhin auf Fortschritte bei der selbstständigen Beschickung der Öfen und auf die Senkung des Brennstoffverbrauchs. In den Werken, die schon mit Drehöfen ausgerüstet waren, wurde neben einer verbesserten Wärmewirtschaft auch auf funktionstüchtigere Antriebe der Mahlanlagen geachtet.

19. Die forcierte Erweiterung der Rüstungsgüterproduktion

Nach der militärischen Niederlage der kaiserlichen Truppen im Jahre 1918 und im Gefolge der militärischen Bestimmungen des Versailler Vertrages vollzog sich auch in den thüringischen Industrieunternehmen, die traditionell Waffen, Munition und militärisches Gerät produzierten, ein Konversionsprozess. Dazu zwangen sie die begrenzte Stärke der deutschen Streitkräfte, die eng gezogenen Vorschriften über die zugelassenen Waffengattungen und deren Ausrüstung sowie das über Deutschland verhängte Verbot, Waffen, Munition und militärisches Gerät zu exportieren.

Nur einige dieser Unternehmen durften seit 1921 mit Zustimmung der Siegermächte für die Reichswehr produzieren. Zu den offiziellen Lieferanten der Reichswehr in Thüringen gehörten die Firmen Rheinmetall in Sömmerda, Thiel-Ruhla, Selve-Kronbiegel AG in Sömmerda, das Eisenacher Automobilwerk, die Fa. Simson & Co. in Suhl und Carl Zeiss in Jena.

Die Fa. Carl Zeiss Jena belieferte die Reichswehr vornehmlich mit Feldstechern, Zielgeräten und Entfernungsmessern. Da die Geschäftsführung des Jenaer Unternehmens nicht gewillt war, sich den alliierten Vorschriften zu beugen, schlug sie - wie andere deutsche Firmenleitungen auch - Wege ein, die es ihr ermöglichten sowohl das Exportgeschäft mit militäroptischen Erzeugnissen fortzusetzen als auch die Entwicklungsarbeiten auf diesem Gebiet weiterzuführen. Sie umging die alliierten Bestimmungen, in dem sie in Holland eine Firma gründete, die nicht nur militäroptische Erzeugnisse im Ausland vertrieb, sondern in deren Fertigungsstätte die in Jena neu- und weiterentwickelten optischen Instrumente für Waffensysteme gebaut wurden, deren Besitz und Produktion den Deutschen untersagt waren. Diese Instrumente wurden von den holländischen Streitkräften im praktischen Einsatz erprobt.

Als die Reichswehrführung 1928 und 1932 Rüstungsprogramme auflegte, die qualitativ und quantitativ über die Versailler Bestimmungen hinausführten, wurden auch in den thüringischen Unternehmen die Produktionskapazitäten für die Rüstungsgüter ausgebaut. Das Reichswehrministerium hatte 1922 mit der Fa. Rheinmetall einen Vertrag über 15 Jahre geschlossen, der vorsah, dass in Sömmerda der gesamte Bedarf der Reichswehr an Zündern und Zündereinrichtungen hergestellt werden soll. Die dazu erforderliche Erstausrüstung wurde durch das Reichswehrministerium finanziert. Die Heeresaufträge machten in den Geschäftsjahren von 1926/27 bis 1928/29 zwischen 48 und 74 Prozent des Gesamtumsatzes aus. Im April 1933 arbeiteten 46 Prozent der Belegschaft in der Militärabteilung des Sömmerdaer Unternehmens. Der Anteil des Militärumsatzes der Fa. Carl Zeiss, der 1924 lediglich drei Prozent des Gesamtumsatzes ausmachte, erhöhte sich bis 1933 auf 19 Prozent.

Nach der Bildung der Reichsregierung unter der Führung der NSDAP wurden die Rüstungsvorhaben der Reichswehr zeitlich verkürzt sowie qualitativ und quantitativ erweitert. Das hatte auch in Thüringen zur Folge, dass der Rüstungssektor in den Unternehmen, die bisher Waffen, Munition und militärisches Gerät produzierten, ausgebaut und der Kreis der Rüstungsgüter produzierenden Unternehmen sowohl durch die Umstellung der Produktionsprogramme als auch durch Neugründungen vergrößert wurde.

Die Fortschritte in der Militärtechnik brachten es mit sich, dass es nur noch wenige Industriezweige gab, die nicht direkt oder indirekt in die Aufrüstung involviert waren. Das traf vor allem für die innovationsträchtigen Industriezweige zu, die in Thüringen beheimatet waren oder angesiedelt wurden.

Mit Beginn des Zweiten Weltkrieges und insbesondere in dessen für das Dritte Reich so katastrophalen Verlauf wurde die thüringische Industrie nahezu vollständig auf die Bedürfnisse der Kriegführung ausgerichtet. Nur wenigen Unternehmen - dazu gehörte die Fa. Carl Zeiss - gelang es bis in das letzte Kriegsjahr hinein, wissenschaftlich-technische und Fertigungskapazitäten für die Zivilproduktion frei zu halten. In der Metall verarbeitenden und elektrotechnischen Industrie, aber auch in der Verbrauchsgüterindustrie richteten die Unternehmen das Produktionsprogramm zunehmend auf kriegswichtige Finalprodukte, Baugruppen und Halbzeuge ein. Das geschah zum großen Teil auf eigene Initiative, weil auf diese Weise der Fortbestand des Unternehmens gesichert schien und die Stammbelegschaft zusammengehalten werden konnte. Viele Unternehmen der Verbrauchsgüterindustrie nahmen branchenfremde Produktionen auf. Ein Beispiel ist die Fa. Lingel in Erfurt, die seit Kriegsbeginn nahezu ausschließlich Offiziersstiefel, Marsch- und Schnürstiefel für die Wehrmacht herstellte, 1944 aber auch Getriebegehäuse fertigte. In den letzten Kriegsjahren häuften sich in der Verbrauchsgüterindustrie die Betriebsstilllegungen. Sie waren auf die im November 1943 verfügten Produktionsverbote für Spielzeug, Christbaumschmuck, Zierporzellan usw. ebenso zurückzuführen wie auf den Mangel an Material und Arbeitskräften. In ungenutzten Produktionsräumen - die Ausrüstungen hatte man für die Nachkriegszeit konserviert - wurden kriegswichtige Fertigungen untergebracht, die oftmals aus den von angloamerikanischen Luftangriffen betroffenen Gebieten Deutschlands nach Thüringen evakuiert worden waren. In Thüringen entstanden unterirdische Anlagen zur Produktion von Flugzeugen, V-Waffen und anderem militärischen Gerät. Die thüringische Industrie beschäftigte während des Krieges eine große Anzahl von Kriegsgefangenen und zivilen Arbeitskräften aus den von der deutschen Wehrmacht besetzten Ländern, die man sowohl angeworben als auch zwangverpflichtet hatte. Die SS zwang Häftlinge des Konzentrationslagers Buchenwald zum Bau von Produktionsstätten der Rüstungsindustrie und zur Produktion von Rüstungsgütern. Die Arbeits- und Lebensbedingungen der Häftlinge waren unmenschlich. Das traf insbesondere auf jene zu, die am Bau der unterirdischen Fertigungsstätten mitwirken mussten und dort auch zur Herstellung von Waffensystemen herangezogen wurden.

20. Strukturelle Veränderungen in der gewerblichen Wirtschaft Thüringens

Der Konjunkturverlauf in den Zwanziger- und frühen Dreißigerjahren, die nationalsozialistische Wirtschaftspolitik und das Kriegsgeschehen führten - wie schon verschiedentlich angedeutet - zu Veränderungen in der Struktur der gewerblichen Wirtschaft in Thüringen. Sie war durch verschiedene Aspekte gekennzeichnet. Der erste und zugleich dominierende Aspekt bestand darin, dass sie der objektiven Entwicklung folgte, die sich seit Anfang der Zwanzigerjahre in den entwickelten Industrieländern vollzog. Der Grundzug dieser Entwicklung war das zügige Wachstum der Industriezweige, deren Produkte und technisch-technologische Grundlagen auf den von den Natur- und Technikwissenschaften hervorgebrachten Erkenntnissen beruhten. Das traf in Thüringen auf den Spezialmaschinen- und Werkzeugbau, auf die feinmechanisch-optische Industrie, auf den Büromaschinenbau zu. In diesem Zusammenhang ist aber auch ein Teil der Zulieferindustrie zu nennen. Dazu gehörten Unternehmen, die technisches Glas, technische Keramiken und Baugruppen für die elektrotechnische Industrie produzierten. Das Wachstum der genannten Industriezweige erhielt seit 1933 durch die nationalsozialistische Wirtschafts- und Rüstungspolitik zunächst starke Impulse. Der forcierte Aufbau der Rüstungsproduktion bedingte moderne Ausrüstungen. Von der nationalsozialistischen Außenhandelspolitik, die darauf gerichtet war, durch den Export ausgewählter Fertigerzeugnisse die Devisen zu erwirtschaften, die für die Einfuhr von strategischen Rohstoffen, Nahrungsmitteln und speziellen Ausrüstungen benötigt wurden, profitierten bis in die ersten Kriegsjahre hinein, auch thüringische Unternehmen.

Ein zweiter Aspekt der strukturellen Veränderungen bestand in dem Bedeutungsverlust traditioneller Zweige des thüringischen Verbrauchsgütergewerbes. Dazu trug die NS-Politik nicht unwesentlich bei. Vor allem seit Beginn des Zweiten Weltkrieges wurden diesen Zweige die Existenzgrundlagen systematisch entzogen. Ihnen wurde die Verarbeitung von Materialien untersagt, sie verloren ihre Arbeitskräfte und sie mussten ihre Produktionsstätten den Rüstungsunternehmen zur Verfügung stellen. Viele Verbrauchsgüterproduzenten bewarben sich aber auch um Rüstungungsaufträge, rüsteten ihre Produktionsapparate entsprechend um und gaben ihr bisheriges Produktionsprogramm auf.

Gravierend waren zweifellos die weiteren Veränderungen in der Industriestruktur zu Gunsten der innovationsträchtigen Industrien - Maschinenbau, Elektrotechnik, Feinmechanik und Optik, Büromaschinenbau, technisches Glas und technische Feinkeramik. Demgegenüber nahm die Bedeutung der traditionellen Branchen der Verbrauchsgüterindustrie ab. Im Handwerk, dessen Entwicklung nicht mehr eingehend verfolgt wurde, herrschten in den Zwanziger- und Dreißigerjahren die gleichen Tendenzen wie vor 1914. Die NS-Politik, vor allem aber die Kriegspolitik, untergrub die Existenzgrundlagen des Handwerks. Die Handwerksmeister und Gesellen wurden zur Wehrmacht eingezogen oder dazu verpflichtet, rüstungswichtige Aufgaben außerhalb ihres Betriebes wahrzunehmen. Vielfach führte einfach Materialmangel zur Schließung des Handwerksbetriebes.

Der dritte Aspekt der strukturellen Veränderung im thüringischen Gewerbe ergab sich daraus, dass große Unternehmen, die ihre wissenschaftlich-technischen Zentren und ihre hauptsächlichen Produktionsstandorte außerhalb Thüringens hatten, seit den Zwanzigerjahren Fertigungsstätten in Thüringen einrichteten. Sie wurden dazu durch produktionstechnische und soziale Vorteile angeregt, die sich ihnen hier boten. Diese Unternehmen wählten entweder bereits bestehende, aber wirtschaftlich schwache Firmen aus, und passten deren Produktionsprogramm ihren Bedürfnissen an oder sie errichteten neue Außenwerke. Zumeist fungierten diese Außenwerke als Zulieferer für die Unternehmensbetriebe, in denen Finalprodukte hergestellt wurden. Gelegentlich waren die Außenwerke auch für ausgewählte Enderzeugnisse zuständig. Während des Zweiten Weltkrieges verlagerten durch Luftangriffe gefährdete Unternehmen einen Teil ihrer Produktion nach Thüringen.

Zwischen 1925 und 1939 wuchs die Beschäftigtenzahl in der Metall verarbeitenden Industrie um 68 Prozent und in der Produktionsgüterindustrie um 7,5 Prozent. Die Anzahl der Arbeiter und Angestellten in der Verbrauchsgüterindustrie lag 1939 um neun Prozent unter dem Stand von 1925. Während des Zweiten Weltkrieges setzte sich diese Tendenz fort. Die Beschäftigtenzahl nahm zwischen 1939 und 1944 in der schwarzmetallurgischen und Metall verarbeitenden Industrie um 20 Prozent, in der feinmechanisch-optischen und in der elektrotechnischen Industrie um 45 bzw. um 35 Prozent sowie im Bergbau um 18 Prozent zu. Die Zweige der Verbrauchsgüterindustrie verloren hingegen zwischen 63 und 10 Prozent ihrer Arbeitskräfte. Die Textil- und Bekleidungsindustrie zählte 1944 63 Prozent weniger Arbeitskräfte als 1939 und die chemische Industrie 10 Prozent.

Betrachtet man die Bewegung des Fakturenwertes zwischen Juli 1936 und Juli 1939 und setzt wiederum den zwischen Juli 1926 und Juli 1929 erzielten Wert gleich 100, dann treten die zweigstrukturellen Veränderungen noch deutlicher hervor. Der Fakturenwert der schwarzmetallurgischen und Metall verarbeitenden Industrie zusammengenommen lag 1939 um 76,5, der der Porzellanindustrie um 55 Prozent und der der Glasindustrie um acht Prozent Prozentpunkte über dem Stand von 1926/29. Ein anderes Bild zeigen die Fakturenwerte der Textil-, Spielwaren- und Holzindustrie. Sie blieben mit 34,5 bzw. 20 Prozentpunkte unter dem Ausgangsstand.

In welchem Maße die allgemeinen Tendenzen, die in der ersten Hälfte des 20. Jahrhundert die industrielle Entwicklung bestimmten, die Struktur des thüringischen Gewerbes beeinflussten und welche Auswirkungen konkret auf die NS-Politik zurückgeführt werden müssen, ist schwer zu beurteilen. Der Grund dafür liegt in dem engen Wechselspiel, das zwischen den militärtechnischen Erfordernissen und den innovationsträchtigen Industrien bestand. Viele der von den Bedürfnissen der modernen Militärtechnik angeregten Neuerungen waren zugleich in zivilen Bereichen zu nutzen.

Allerdings ist unzweifelhaft, dass im Verlauf des Krieges die militärischen Erfordernisse den Unternehmen, die die Modernisierungstendenzen im thüringischen Gewerbe maßgeblich trugen, die sachlichen und personellen Potenzen entzogen, sodass deren Möglichkeiten, zum wissenschaftlich-technischen Fortschritt beizutragen, immer geringer wurden.

Unmittelbar nachdem die Nationalsozialisten im Deutschen Reich die Macht übernommen hatten, begannen sie auch in Thüringen, die Existenzgrundlage jüdischer Unternehmer zu zerstören. Am 1. April 1933 beteiligten sich ihre militanten Formationen an der brutalen Boykottaktion gegen jüdische Geschäfte. Im Juli 1933 initiierte der Gauleiter der NSDAP und Reichsstatthalter in Thüringen ein Untersuchungsverfahren gegen die Fam. Simson in Suhl mit der Begründung, das „jüdische" Unternehmen habe das Deutsche Reich bei der Berechnung von staatlichen Aufträgen übervorteilt. Dabei versicherte sich Sauckel der Unterstützung durch Reichs- und Heeresdienststellen. Der NS-Führer erreichte, dass die Simson-Werke in das Eigentum der von ihm ins Leben gerufenen Industrie-Stiftung „Wilhelm-Gustloff" überführt wurde und sorgte in den folgenden Jahren für den Ausbau der Gustloff-Werke zu einem Industriekonzern, der an der Rüstung maßgeblich beteiligt war. Die antisemitische Politik veranlasste zwischen 1933 und 1938 zunehmend Unternehmer jüdischer Abkunft, ihre Firmen zu für sie ungünstigen Konditionen zu verkaufen oder aufzugeben. Seit 1938 eliminierten die Nationalsozialisten die jüdische Unternehmerschaft vollends aus dem thüringischen Wirtschaftsleben. Mitte Juni 1938 mussten diese Unternehmer ihre Firmen öffentlich kennzeichnen. Schließlich sorgte eine Arisierungskommission dafür, dass die im Land Thüringen noch bestehenden 640 Unternehmen von jüdischen Eigentümern entweder an „Arier" verkauft oder geschlossen wurden. Im Gefolge der nationalsozialistischen Rassenpolitik wurde ein beachtenswerter Teil der thüringischen Unternehmerschaft zugunsten der NSDAP enteignet. Viele jüdische Geschäftsleute und deren Familienangehörige kamen in den Konzentrationslagern des Dritten Reiches ums Leben.

Abschließend soll noch auf einen weiteren Aspekt der Strukturveränderung in der gewerblichen Wirtschaft in Thüringen verwiesen werden. Im betrachteten Zeitraum nahm die Anzahl der größeren gewerblichen Unternehmen zu. Betrachtet man die statistischen Angaben über die Größenstruktur der thüringischen Unternehmen - die Statistik fasst Handwerk und Industrie zusammen - , dann muss allerdings zunächst festgehalten werden, dass der Anteil der gewerblichen Unternehmen, die bis zu 50 Arbeiter und Angestellte beschäftigten, noch immer sehr hoch blieb. Er belief sich 1925 auf 50 und 1939 auf 42 Prozent. Die Unternehmen mit 51 bis 200 Mitarbeitern hatten Mitte der Zwanzigerjahre einen Anteil von 22 und Ende der Dreißigerjahre von 19 Prozent. Firmen, in denen zwischen 201 und 1.000 Arbeitskräfte beschäftigt waren, hatten einen Anteil von 21 bzw. 24 Prozent. Der Anteil der Unternehmen mit mehr als 1.000 Beschäftigten wuchs in dieser Zeit von sieben auf 15 Prozent.

An der Struktur der Unternehmensformen im thüringischen Gewerbe veränderte sich in den betrachteten Jahrzehnten nur wenig. Die von Einzelkaufleuten geführten Firmen dominierten auch weiterhin. Sodann spielten Personengesellschaften eine größere Rolle. Die Anzahl der Aktiengesellschaften in der Industrie nahm zwar leicht zu, blieb aber dennoch gering. Die Kapitalausstattung der Personalgesellschaften hielt sich in relativ engen Grenzen. Von den 120 Industrie-Aktiengesellschaften, die 1943/44 im Land Thüringen und im Regierungsbezirk Erfurt ihren Sitz hatten und über ein Stammkapital von insgesamt 278 Millionen RM verfügten, gehörte der überwiegende Teil zur Metall verarbeitenden und zur Nahrungs- und Genussmittelindustrie. 22 Prozent der Aktiengesellschaften waren Metallunternehmen und 21 Prozent Unternehmen der Nahrungs- und Genussmittelindustrie. Es folgten die Gesellschaften in dem Industriebereich Textil, Bekleidung und Leder, einschließlich der Gummiwebereien, mit einem Anteil von 17 Prozent, in der Energiewirtschaft mit einem Anteil von 12 Prozent sowie in Glas und Keramik mit einem Anteil von neun Prozent. Sieben Prozent der Aktiengesellschaften zählten zur Baustoffindustrie. Die restlichen 12 Prozent der Aktiengesellschaften verteilten sich auf andere Industriezweige. Darunter befanden sich neun Prozent in diversen Zweigen der Verbrauchsgüterindustrie. Ein etwas anderes Bild ergibt die Verteilung des Stammkapitals auf die Industriebereiche und -zweige. Danach hatten die Aktiengesellschaften in der Energiewirtschaft einen Anteil von 32 Prozent am gesamten Stammkapital, gefolgt von den Aktiengesellschaften im Industriebereich Textil, Bekleidung, Leder mit 26 Prozent und in der Metall verarbeitenden Industrie mit 14 Prozent. Die Aktiengesellschaften in der Nahrungs- und Genussmittelindustrie hatten einen Anteil von acht Prozent. Die Saaletalsperren AG trug mit neun Prozent zum Stammkapital aller Industrieaktiengesellschaften bei. Die restlichen elf Prozent des Stammkapitals entfielen auf die anderen Bereiche und Zweige.

Die Höhe des Stammkapitals, über die die einzelnen Aktiengesellschaften verfügten, war außerordentlich differenziert. Spitzenpositionen nahmen die Saaletalsperren AG, die Thüringische Zellwolle AG und die Thüringenwerk AG mit 26, 24 bzw. 22 Millionen RM ein. Das geringste Stammkapital wies mit 40.000 RM die Aktienbrauerei zu Hildburghausen auf. Zu den Aktiengesellschaften mit einem Stammkapital zwischen zehn und 20 Millionen RM zählten die Thüringer Elektrizitäts- und Lieferungs-Gesellschaft AG, die Lederfabrik Heinrich Knoch AG in Hirschberg und die Porzellanfabrik Kahla. Das Stammkapital dieser drei Gesellschaften belief sich auf 18, 16 bzw. elf Millionen Mark. Sieben Aktiengesellschaften - es waren vier energiewirtschaftliche Unternehmen, zwei Büromaschinenproduzenten und eine Textilfirma - hatten ein Stammkapital zwischen fünf und zehn Millionen RM.

Abschließend muss zur Geschichte des thüringischen Gewerbes in den Jahren von 1933 bis 1945 festgehalten werden, dass die nationalsozialistische Rüstungs- und Kriegspolitik die Existenz dieses Wirtschaftsbereiches auf vielfältige Weise außerordentlich gefährdete. Sie unterbrach zukunftsträchtige wissenschaftlich-technische Entwicklungen und leitete auf ein Jahrzehnt große Teile des industriellen Potenzials fehl. Durch den Krieg wurde nahezu eine ganze Generation gut ausgebildeter Arbeitskräfte ausgelöscht. Forschungs-, Entwicklungs- und Produktionskapazitäten fielen den Bombardements zum Opfer. Ein Großteil der thüringischen Industrie wurde zur Wiedergutmachung der Schäden herangezogen, die die deutsche Wehrmacht in okkupierten Ländern verursacht hatte.

Schlussbemerkungen

Bei den Studien zur vorliegenden Schrift wurden nicht nur die Fortschritte offenbar, die bei der Erforschung der Geschichte der gewerblichen Wirtschaft in Thüringen bisher erzielt werden konnten, sondern auch die Lücken, die zu schließen sind, wenn einmal eine Gesamtdarstellung der thüringischen Gewerbegeschichte des betrachteten Zeitraums in Angriff genommen werden sollte. Auf einige Problemfelder, die dazu noch bearbeitet werden müssen, soll in diesen Schlussbemerkungen eingegangen werden.

Bislang ist die Entwicklung verschiedener Gewerbezweige noch nicht oder ungenügend erforscht. Gesicherte Erkenntnisse liegen über die Zweige vor, in denen sich große Unternehmen herausgebildet haben und darum die Aufmerksamkeit von Historikern auf sich zogen. Vieles ist aber auch über Zweige bekannt, die das Interesse verschiedener Wissenschaftsdisziplinen, wie zum Beispiel der Wirtschaftswissenschaften oder der Volkskunde, fanden. Aber viele Zweige mit vorwiegend kleinen und mittelständischen Betrieben wurden bislang von der Forschung vernachlässigt. Über ihr Produktsortiment, über die von ihnen angewandten technologischen Verfahren und über ihre Geschäftsbeziehungen ist nur wenig bekannt. Ebenso wissen wir sehr wenig über die finanzielle Situation der kleinen und mittelständischen Gewerbeunternehmen. Vor allem muss aufgehellt werden, wie der Unternehmensaufbau finanziert wurde, wie das dazu benötigte Eigenkapital aufgebracht wurde, aus welchen Quellen das Fremdkapital kam und wie groß die jeweiligen Anteile waren.

In diesem Zusammenhang ist auf die ungenügenden Kenntnisse von der Rolle der Finanzinstitute im thüringischen Wirtschaftsleben zu verweisen. Da die im Thüringischen agierenden Großbanken nahezu ausschließlich nur zu den wenigen industriellen Großunternehmen geschäftliche Beziehungen unterhielten, sahen sich die vielen kleinen und mittelständischen Firmen veranlasst, mit ihren Kreditwünschen vornehmlich an die städtischen Sparkassen heranzutreten. Deshalb ist es unumgänglich, die Rolle dieser Finanzinstitute bei der Entwicklung des einheimischen Gewerbes systematisch zu untersuchen.

Unser Wissen über die soziale Herkunft und die fachliche Zusammensetzung und das Wirken der Unternehmerschaft ist unbefriedigend. Wir können wohl über einige Unternehmerpersönlichkeiten Auskunft geben, die als Erfinder hervorgetreten sind oder deren Biografien aus irgend einem Grund bekannt wurden. Aber die in der Region wirkende Unternehmerschaft wurde bisher noch nicht systematisch analysiert. Eine Ausnahme bildet die Arbeit von Wolfgang Huschke über die Herkunft der thüringischen Unternehmerschicht des 19. Jahrhunderts.[6] Ebenso verhält es sich mit der gewerblichen Produzentenschaft. Es fehlt eine Geschichte ihrer beruflichen Heranbildung, ihrer Tätigkeitstruktur und ein umfassendes Bild von ihrer realen sozialen Lage. Des Weiteren sind wir nur höchst unvollkommen über die Geschichte der Interessenvertretungen der gewerblichen Wirtschaft in Thüringen, über die Handwerkskammern, die Industrie- und Handelskammern sowie über andere Unternehmerorganisationen unterrichtet. Gleiches muss, wenn auch mit gewissen Einschränkungen von den Arbeitnehmerorganisationen gesagt werden.

Obgleich über die von den thüringischen Staaten verfolgte Innenpolitik viel publiziert wurde, fehlt ein umfassendes Bild von ihrer Wirtschafts- und Gewerbepolitik. Sie wurde immer dann mit behandelt, wenn über den einen oder anderen Gewerbezweig berichtet wurde, der das besondere Interesse der Herrschenden fand.

Wir wissen auch zu wenig über die tatsächliche Stellung des thüringischen Gewerbes im Wirtschaftsgefüge Deutschlands und Europas sowie über den Beitrag, den es zur Industrialisierung Deutschlands geleistet hat. Diese skizzenhaften Bemerkungen über das, was von Historikern noch zu leisten sein wird, damit die Gewerbegeschichte zwischen 1800 und 1945 einmal umfassend dargestellt werden kann, sollen dazu ermuntern, die einschlägigen Arbeiten fortzusetzen.

Anmerkungen

[1] Johannes Müller, Die thüringische Industrie. Eine wirtschaftskundliche Darstellung, zugleich ein Beitrag zur Lehre von den Standortfaktoren der Fertigindustrie, Jena 1930.
[2] Waltraud Ullrich, Studien zur industriellen Entwicklung Süd- und Ostthürringens in den 30er und 40er Jahren des 19. Jahrhunderts. Diss. Jena, 1986.
[3] Ulrich Hess, Geschichte Thüringens 1866-1914. Aus dem Nachlaß herausgegeben von Volker Wahl, Weimar 1991.
[4] Jürgen John, Rüstungswirtschaftlicher Strukturwandel und nationalsozialistische Regionalpolitik, in: Detlev Heiden/Gunther Mai (Hrg.), Nationalsozialismus in Thüringen, Weimar Köln Wien 1995, S. 213ff; ders. Wirtschaftsentwicklung und politische Umbrüche in der Industrieregion Thüringen zwischen den Weltkriegen, in: Werner Bramke (Hrg.), Sachsen und Mitteldeutschland. Politische, wirtschaftliche und soziale Wandlungen im 20. Jahrhundert, Weimar Köln Wien 1995, S. 93ff.
[5] Jürgen John (Hrg.): Quellen zur Geschichte Thüringens von der Reformation bis 1918, Erfurt 1995, S. 164.
[6] Wolfgang Huschke, Forschungen über die Herkunft der thüringischen Unternehmerschicht des 19. Jahrhunderts. In: Zeitschrift für Firmengeschichte und Unternehmensbiographie. 2. Beiheft, Baden-Baden 1962.